EL COSTO DE LAS IDEAS

EL COSTO DE LAS IDEAS:

CASTRO, DICTADURA EN BANCARROTA

JORGE AGUILAR

The Wooster Book Company
Wooster • Ohio

EL COSTO DE LAS IDEAS:
 CASTRO, DICTADURA EN BANCARROTA
© 1999 Jorge Aquilar

Primera Edición 1999
Queda prohibida toda reproducción, por cualquier medio, sin previa autorización del autor.
Derechos reservados por el autor Jorge Aguilar.

The Wooster Book Company
205 West Liberty Street
Wooster Ohio • 44691 • USA
• 330-262-1688
• *www.woosterbook.com*

Editado por: David Wiesenberg

Portada: Monica Leeke Collazo Dix

ISBN Libro: 1-888683-17-1

Cuando hay muchos hombres sin decoro, hay siempre otros que tienen en sí el decoro de muchos hombres. Esos son los que se rebelan con fuerza terrible contra los que les roban a los pueblos su libertad, que es robarles a los hombres su decoro. En esos hombres van miles de hombres, va un pueblo entero, va la dignidad humana".

—José Martí

EL COSTO DE LAS IDEAS

✷ ✷

NOTAS DEL AUTOR

Un hombre salva la vida, en dos ocasiones, de otro hombre que después se constituirá en su verdugo, llegando incluso a encarcelarlo durante 11 años...

Pudiera ser éste el argumento de cualquier novela de acción, pero en realidad es el argumento de este libro. Tanto uno como otro están vivos, sosteniendo durante años un encarnizado combate: De una parte la integridad moral y una firmeza de principios sin límites; de la otra ausencia total de escrúpulos y un ansia incontrolable de poder. El escenario: Una bella isla y un pueblo esquilmado por el hambre y la ineficiencia de un sistema socioeconómico marcado por la corrupción. Es la eterna lucha de David contra Goliat.

¿Asistiremos al mismo desenlace del pasaje bíblico? sólo el tiempo lo dirá. Mientras tanto, oremos porque así sea, por el bien de los cubanos y de la humanidad.

✳ ✳

A mi amigo Pablo Valencia: Escritor y Profesor de Español e Italiano en The College of Wooster, Wooster Ohio. Mis más sinceros agradecimientos por su decidido apoyo e inyección de fe y esperanza, complementos tan necesarios en nuestra vida.

Agradecemos la importante colaboración del Dr. Jesús R. Marante, ex-preso político cubano, y de muchas personas dignas, que exponiendo lo más preciado de la vida: la **LIBERTAD**, dedicaron lo mejor de sí para que fuera posible la publicación de este libro.

Especial gratitud, para los que sacaron este material de las garras del monstruo, algunos de ellos sin ser hijos de nuestra patria, pero sí amantes de la libertad y la justicia social.

Los datos utilizados provienen de fuentes fidedignas. Por medidas de seguridad, no es posible revelar en estos momentos la identidad de algunas de las fuentes.

※ ※

Libertad: unificación, nación, bandera, vida, son frases pronunciadas a diario por millones de cubanos diseminados por todo el mundo.

Esas frases fueron inspiración, faro, y guía, para los que ofrendaron su vida cantando ese himno a la patria, a la dignidad.

Retoñemos, unámonos, luchemos, para cumplir con la patria, para cumplir con nuestros mártires, para cumplir con nuestra dignidad.

Jorge Aguilar

***

Este es el primer libro que se escribe sobre una figura tan prestigiosa de la oposición dentro de Cuba. La idea surgió como un medio para dar a conocer el gran volumen de información que la excepcional memoria de este hombre ha atesorado durante más de 7 décadas.

Con este testimonio y los agudos comentarios de Jesús Yánez Pelletier el lector se adentra, de forma clara y precisa, en los momentos claves de la verdadera historia de nuestro país que el régimen de Fidel Castro siempre ha ocultado.

La empresa de dar a conocer el relato de Yánez no ha sido fácil. Por otro lado, estábamos conscientes de que un gran número de los que participaron de forma directa o indirecta en los hechos que aquí se narran, se exponen a la represión a la que la dictadura acostumbra en estos casos.

Fueron días de intenso trabajo. Pero pocas veces se tiene el privilegio de poder entrevistar a una figura de tanto valor histórico que se enfrenta día a día a la cárcel y a la humillación en su tarea de Vicepresidente del Comité Cubano Pro-Derechos Humanos en la Isla.

El gobierno de Castro ha temido siempre que la historia sea contada por sus propios protagonistas que no respondan al criterio oficialista. Hemos realizado un paciente trabajo de investigación, auxiliados por este indiscutible líder de los derechos humanos para insertar nuestra modesta contribución en la lucha por tener una patria libre.

De esta manera, Pelletier pone muy en alto su nombre como luchador incansable en defensa de la justicia social y los derechos humanos.

Yánez Pelletier se da a la tarea de desenmascarar a quien por 40 años se ha sustentado en el odio, la mentira, la traición y el crimen, mutilando lo más bello del ser humano: el derecho a la vida y a la libertad. Para defender esos derechos ha sufrido exilio, prisión y los humillantes actos de repudio a que ha sido sometido en los últimos años. No es un secreto, que

Yánez defendió el derecho a la vida de muchos que, años después, en pago, lo reprimieron y lo condenaron al presidio.

En estas confesiones resplandece la verdad sobre hechos importantes en la lucha contra Castro, pero además, descubrimos que sus confesiones traslucen un abordaje minucioso de la pasión de ese combate. Sus confesiones nos descubren a un hombre sufriendo y a la vez lleno de optimismo con múltiples sueños como porvenir. A través de su relato podemos escuchar íntimas regiones de candor en el fragor de la catástrofe a la que lo ha sometido el hombre a quien una vez le salvó la vida.

Percibimos también la nota íntima, de un combate sin cuartel para quien esa lucha pacífica es fe en el futuro, ansias de libertad y amor por la vida. Y se pregunta uno: ¿Qué dotes debió reunir este hombre para que el hombre a quien una vez salvó la vida, se haya ensañado contra él de una manera tan cruel?

Estas confesiones rodean su persona de un vivísimo interés, tanto para su tiempo como para la patria nueva que llegará. Aprovecho la oportunidad que se me ofrece para dar testimonio de la gratitud que sentiré siempre por quien nos ha enseñado cómo se vive a plenitud frente a las oscuras fuerzas del totalitarismo.

Pienso, finalmente, que este libro nos ayuda a hacer comprensible la figura de este colosal luchador de la guerra cívica y pacífica. Y es que la mera lectura textual, casi clínica, ha de servir al lector para ayudar a erigir, con cada confesión, su sueño: el sueño de la libertad de nuestra patria, porque Yánez nos habla con la experiencia vivida en las mismas entrañas del monstruo.

JORGE AGUILAR

La serie de entrevistas que se exponen a continuación, interrumpida a ratos por observaciones u opiniones que el autor ha creído indispensables, se le realizó al Sr. Jesús Yánez Pelletier, quien fuera Capitán Ayudante de Fidel Castro en los primeros momentos de la Revolución, en su propio apartamento de la calle Humboldt, número 157, en el Vedado, Ciudad de La Habana, por el Licenciado Jorge Aguilar. El Sr. Yánez Pelletier es actualmente el Vicepresidente del Comité Cubano Pro-Derechos Humanos en la Isla.

*

Aguilar: Nos gustaría iniciar esta entrevista, con la primera etapa de su vida, es decir, fecha, lugar de nacimiento, y procedencia social.

Yánez Pelletier: Nací en la ciudad de Cárdenas el día 21 de mayo del año 1917 a las 9:30 PM. Según mi madre, estaba cayendo un terrible aguacero y era de esos aguaceros del mes de mayo, ¡que son terribles!

Soy el segundo de un matrimonio de siete hijos, la primera fue una hembra recientemente fallecida, y después vinieron seis varones. Procedo de lo que llamaban entonces pequeña burguesía. Mi padre se llamaba Jesús José Fabián Yánez Pedroso y mi madre Josefa Herminia Eugenia Pelletier y Morgan.

Hay una historia con relación a mi apellido que quiero aprovechar la oportunidad y contarla, ya que es de una connotación muy especial. Mi verdadero apellido no es Yánez, sino Luis Sen, que es un apellido Chino; pero mi bisabuelo para poder comprar un Ingenio Azucarero en la época de la colonia, se vio obligado a conseguir una cédula española, y con su apellido no le era posible lograrla.

Fue a través de su compadre que se apellidaba Yánez, que pudo materializar la compra del central, que estaba situado en la Provincia de Las Villas, cerca de Corralillo. Era un pequeño central que hoy está bajo las aguas de una presa según me han dicho, ya que no he tenido la oportunidad de visitar el lugar.

A partir de ese momento, mi bisabuelo se llamó Toribio Yánez. Como posteriormente nacieron los hijos, fueron inscriptos con el apellido Yánez. Es por eso que cuando alguien me dice: "Usted y yo debemos de ser familia", yo siempre respondo: "yo no tengo familia Yánez", éste es un apellido prestado y quien me lo prestó falleció, pero ni él, ni yo hemos deshonrado ese apellido.

Aguilar: ¿Dónde vivió en su infancia?

Yánez Pelletier: Mi niñez transcurre en la ciudad de Cárdenas; fueron días felices. En la escuela tuve la suerte de tener magníficos maestros.

Mi primera maestra se llamó Clarita Villegas, era muy dulce, muy tierna. Fue la que me enseñó las primeras letras. Cuando aquello se estudiaba la cartilla que empezaba, Cristo ABC. Primero había que decir Cristo porque tenía una cruz grabada y después estaban las letras. A continuación venían las primeras combinaciones de vocales y consonantes, los primeros sonidos y demás.

Mis padres me matricularon en esa escuelita porque quedaba muy cerca de mi casa, a una media cuadra aproximadamente. Después pasé a estudiar a un colegio católico, que era el colegio de Asunción Piñera y Dolores Mora que fueron mis maestras en 1ro, 2do y 3er grados. En ese tiempo mi padre tenía una situación económica buena y mi familia en general estaba bien.

Cuando venía la temporada de verano solíamos pasarla en la casa que tenía mi tío Bernabé en Vista Alegre. En esa casa, nació uno de mis hermanos, que por esa razón lleva el nombre de mi tío.

Aguilar: ¿Vista Alegre?

Yánez Pelletier: Vista Alegre es un reparto que hay en Cárdenas cerca de la refinería Arrechabala y Echevarría. Los dueños de esa refinería eran unos Vascos, y mi tío trabajaba en ese lugar como maestro de azúcar. Él era un hombre que sabía mucho de la fabricación de rones y aguardientes, tanto era así que se ganó un premio en una exposición que se presentó en Paris, cuando se inauguró la Curasal; con un aguardiente que presentó como uno de los productos cubanos de la casa Echevarría. El aguardiente llevaba la marca de las Tres Campanas.

Aguilar: ¿Conserva usted bellos recuerdos de su infancia?

Yánez Pelletier: Desgraciadamente por esas cosas de la vida perdí muchos recuerdos valiosos, porque el ciclón del año 1933 arrasó con la casa de mi tío e hizo mucho daño. En Cárdenas los daños fueron incalculables, perdimos muchas cosas; es por eso que no tengo esas constancias.

Retomando lo que te venía diciendo sobre los estudios primarios, de la escuela Asunción Piñera pasé a estudiar en el Colegio de los Reverendos Padres Trinitarios donde terminé la enseñanza primaria. Después vino la época de Machado, tiempo difícil en el que ya mis padres no podían pagar las clases de los colegios privados, por lo cual fui a la escuela pública con los maestros Sosa y Herrera; con ellos aprendí mucho.

Cuando mejoró la situación fui enviado a los Escolapios. De allí pasé a la escuela superior formando un grupo mixto de varones y hembras que por entonces era una novedad.

En la escuela superior había un gran claustro de profesores, como Rosita Villar, maestra de Educación Física; murió joven, era una mujer encantadora. La última vez que la vi fue en Varadero.

Obdulia Porto nos impartía Economía Doméstica, Caridad Descalso Geografía, Ernestina Viar Inglés. Además estaban como maestras, María Luisa Toledo de Villageliu (Chichita), Matilde y Anita Albrech y Erminia Labrit que era la Directora de la Escuela. Cuando terminé los estudios secundarios, matriculé en el Instituto de Cárdenas.

Aguilar: ¿En qué año matriculó en el Instituto?

Yánez Pelletier: Me presenté a los exámenes de ingreso en el año 1937, los aprobé y comencé el Bachillerato. Hice las 16 asignaturas por el plan Varona y en el año 1940 me gradué de Bachiller en Ciencias y Letras. Ese mismo año me trasladé a La Habana para ultimar detalles para iniciar los estudios superiores.

Aguilar: ¿Qué matriculó?

Yánez Pelletier: Matriculé Medicina, pero cuando comencé a estudiar comenzaron también los problemas en la Universidad, llegué a una Universidad muy convulsa; no es la Universidad de hoy que de convulsa no tiene nada, más bien yo diría que es demasiado pacífica. En aquella época los estudiantes por cualquier cosa tomaban la Universidad, en fin había una gran convulsión política.

Perdí el 1er año y el 2do llevaba idénticas trazas. Cuando me tocó el servicio militar, tenía dos opciones: pasar el servicio, o ir a la escuela militar. Me decidí por la segunda opción y fui para la Academia Militar junto a un grupo de estudiantes, entre los que se encontraba Borbonet (ya fallecido), Arigüela Torra,

Travieso Platt, el Gallego Fernández y otros.

Permanecí en la Academia, hasta el año 1946, en que me gradué. Los estudios los iniciamos en el Castillo del Morro, que era donde radicaba la Academia. El último año lo pasamos en la escuela militar que se construyó poco tiempo después en Managua. Nosotros la inauguramos, y fuimos los primeros egresados de ese centro.

Aguilar: Después que usted terminó sus estudios militares, ¿hacia dónde lo destinaron?

Yánez Pelletier: Cuando me gradué fui destinado a la batería de montañas de Columbia, donde hice casi toda mi carrera militar. Digo "casi" porque en el mes de marzo del año 1952, me comunicaron que debía presentarme en Santa Clara en la mañana del día 11 ó 12 sin papeles. Esto tenía su significado, significaba una posible expulsión del ejército.

El hecho fue que mi suegro el general Querejeta había aparecido en una foto de una asamblea política que se había celebrado en el Teatro Nacional por el Partido Ortodoxo que dirigía Eduardo Chibás. Mi suegro era amigo de Chibás y eso repercutió negativamente sobre mí.

En el momento en que yo salía del Campamento de Columbia para dirigirme a Santa Clara, pasó un automóvil y en él un amigo entrañable de mi suegro y mío también, el Doctor Miguel Ángel Céspedes. Paró el auto, y me dijo que le habían orientado que nombrara un ayudante militar y que él había pensado en mí, por lo que ahora se dirigía a mi casa precisamente a buscarme para proponerme ese cargo en el Ministerio de Justicia.

Aguilar: ¿Fue con Céspedes?

Yánez Pelletier: Bueno, fíjate. Entre la posible expulsión del ejército y el cargo propuesto por Céspedes, lógicamente me decidí por la segunda opción.

En el Ministerio de Justicia estuve como Ayudante Militar de Céspedes hasta el mes de enero de 1953, año en que fue removido Céspedes de su cargo de Ministro de Justicia.

Aguilar: ¿Por qué fue removido Céspedes de su cargo?

Yánez Pelletier: En cierta ocasión, un señor que yo apenas conocía, el Gran Maestro Masón Dr. Carlos M. Piñeiro y del Cueto, armó una intriga gigantesca.

Ese señor tenía acceso a los ministros amigos de Batista, lo cual aprovechó para decirles que Céspedes le había exigido 10 mil pesos por una obra que se estaba llevando a cabo en Carlos III, el Palacio de la Masonería, y que yo había ido a buscar el dinero en su nombre. Esto fue mentira.

Todo no fue más que una burda patraña, la realidad era que Céspedes le había planteado a este señor en mi presencia, que él no se oponía a retirar el interdicto que le habían puesto 10 vecinos del lugar para que se construyera el Palacio de la Masonería, sino que sólo quería que como eran gentes muy pobres que vivían allí, se le dieran mil pesos a cada una de estas familias para que abandonaran sus viviendas y poder construir el Palacio sin trabas.

Era un planteamiento justo, porque si estos pobres infelices abandonaban sus viviendas, se iban a encontrar sin un techo bajo el cual vivir. Y por otra parte para la Masonería no representaba nada dar 10 mil pesos, si se tenia en cuenta, el proyecto de la obra a construir.

En fin el Dr. Carlos M. Piñeiro y del Cueto utilizó esta canallada para sacar a las a familias del lugar y no pagar los 10 mil pesos, y de paso enfrentarse a Céspedes que también era masón. Pero la vida es como es y yo nunca le he hecho daño a nadie; a mí particularmente me ha dado siempre oportunidad de enfrentarme a los canallas.

Andando el tiempo en el año 1953, yo me encontraba en Baracoa adonde me habían destinado después de la destitución de Céspedes bajo las ordenes del capitán González Santana.

Recién llegado me invitan a un acto por el desembarco de Maceo, en mi calidad de autoridad del pueblo. Ese acto lo presidía precisamente el Dr. Carlos M. Piñeiro y del Cueto, aquel personaje que tú ya conoces. Cuando me lo fueron a presentar lo miré bien y le dije: "Yo no le doy la mano a los infames". Hubo un silencio total, imagínate la repercusión, era aquel un acto público, di media vuelta y me retiré del lugar sin preocuparme en nada por lo que pudiera pasar.

Yo no concebía que un masón cometiera una infamia como la que él usó.

Me excuso con los masones honestos a los cuales este señor también engañó, ellos no tienen responsabilidad alguna por su detestable acto. Después de este incidente sucedió otro no menos interesante.

Aguilar: ¿Cuál fue ese incidente?

Yánez Pelletier: Se me acusó de asistir al velorio de la madre de Pelayo Cuervo. En realidad, no asistí porque fuera amigo de la familia, sólo que en calidad de autoridad estaba obligado moralmente a dar el pésame, y a eso me limité.

Pero cuando estaba cumpliendo con esa formalidad pasó por allí el capitán Gerardo Merad Chirino, Jefe de la Policía, quien se molestó mucho al ver una autoridad en el velorio de la madre de un opositor. Yo particularmente no pienso que porque dos personas estén en diferentes partidos, tengan que ser enemigos irreconciliables, sólo median divergencias desde el punto de vista político.

Además Pelayo era una persona muy decente y educada. Todo esto originó un choque con Merad Chirino, por lo que Chaviano, que a la sazón era Jefe de la Provincia, me trasladó para la Maya.

*

Aguilar: ¿Cuándo lo asignan como asesor militar de la prisión de Boniato?

Yánez Pelletier: En los primeros días del mes de junio de 1953. En ese cargo me sorprenden los sucesos del 26 de julio. Mi nombramiento tiene lugar porque se estaban produciendo algunos desórdenes en ese establecimiento penitenciario entre los presos comunes. Prácticamente no había presos políticos en esa época. La excepción era el líder estudiantil, Radamés Heredia. Cuando se producen los acontecimientos del Cuartel Moncada, todavía estaba preso. Poco después fue liberado.

Aguilar: ¿Ya usted era oficial cuando fue asignado a la prisión de Boniato?

Yánez Pelletier: Sí. Ya al salir de La Habana era primer teniente.

Aguilar: ¿Cuál fue su participación en los sucesos del Cuartel Moncada?

Yánez Pelletier: Cuando soy informado de lo que está ocurriendo logré recoger a varios soldados que vivían en las afueras de Santiago de Cuba y nos dirigimos al lugar de los hechos. Cuando llegamos al cuartel nos tirotearon el vehículo, por lo que nos encaminamos hacia el hospital.

Cuando entré, me encontré con varios heridos y muertos. A uno de los supuestos muertos le moví el brazo con la punta de la bota y lo movió. Me percaté de que estaba vivo, lo pusimos en una camilla y por orden del capitán Tamayo Silveira fue trasladado a la sección de curaciones del centro.

El que allí estaba, resultó ser Pedro Miret Prieto quien años más tarde me contó que, en la prisión, le pusieron "Muerto—vivo" ya que lo habían visto levantarse de entre los muertos. Después fui al cuartel y vi más cadáveres. Vi vivo a José Luis Tasende que tenía una pierna vendada y vestía con el uniforme del ejército, con grado de sargento. Le pregunté: "¿Qué le pasa sargento?" y me respondió que lo habían herido. Le dije: "eso se cura" y continué mi recorrido sin percatarme, que era uno de los asaltantes.

También hablé con otro joven, Osvaldo Socarrás Martínez. Ese nombre nunca se me olvidará. Con él pasó algo muy doloroso. Interrogado por el teniente coronel Rosell y por mí accedió a llevarnos al lugar de donde habían partido, la granjita Siboney. Lo llevamos allá, allí recogimos algunas pertenencias de los asaltantes, entre las que había algunos libros escritos por Lenin y por Pablo de la Torriente Brau, propiedad de Óscar Alcalde.

Yo creo que este muchacho, Osvaldo Socarrás, fue el único prisionero que pudo regresar a la granjita Siboney en esos días. Cuando regresamos al cuartel comencé a explicarle a Rosell todo lo referente a este suceso y en ese momento entró en el despacho el comandante Andrés Pérez Chaumont de Altuzarra, un antiguo compañero mío, de la escuela de cadetes. Chaumont procedía de una familia aristocrática, era un hombre de buenos modales, elegante, usaba un pañuelo en la bocamanga de la guerrera.

Cuando entró al despacho le dijo a un sargento que venía con él: "Oye, hazte cargo de ése". Rosell y yo le argumentamos que el joven nos estaba dando informaciones. En ese momento se dirigió a mí y me contestó: "Pelletier, no te vayas a poner con sentimentalismo ahora…"

A partir de ese momento sentí una desilusión muy grande, vergüenza de estar en el ejército. Cuando uno está en el ejército, limpiamente, cree que todo el mundo es igual, pero no siempre es así.

Aquel suceso me afectó mucho. Me encontré, ese mismo día, al anochecer, con Armando Torres Santrail, quien después fuera Ministro de Justicia y cuando le conté lo que había visto me dijo: "Cállate la boca porque te pueden matar. Así que no hables nada de eso, si no quieres seguir aquí, vete, pero no hables…"

Yo era como te dije, supervisor militar de la prisión de Boniato. Llamé por teléfono a Hermida, que era Ministro de Gobernación y después de relatarle lo ocurrido, me orientó que lo llamara nuevamente. Cuando lo volví a llamar me dijo que preparara condiciones porque los asaltantes iban para la prisión de Boniato. Mandé a preparar una galera para ellos. Así que mi participación en aquellos sucesos se redujo a recoger los prisioneros en el vivac de Santiago de Cuba y conducirlos a la prisión de Boniato, después que capturaran a Castro…

Aguilar: ¿Qué día llevan a Castro para esa prisión?

Yánez Pelletier: El 1ro. de agosto. Ese mismo día me llaman por teléfono, por la mañana temprano, desde el vivac de Santiago de Cuba, de parte del coronel, que allí tenían detenidos a un grupo de asaltantes. Salí con mi ayudante, el teniente Chaple. Cuando entro al vivac veo sentado en la esquina de un banco grande a Castro, y en la otra esquina a Mario Chanes de Armas, Montaner y Pepe Suárez, en fin todo el grupo que fue capturado con Fidel.

Cuando llego al vivac y Fidel Castro me ve, exclamó: "¡Al fin veo una cara amiga!" Lo saludé y le dije: "Te vas conmigo para la prisión de Boniato". En ese momento, llaman a Fidel y lo llevan a un cuartico donde estaba el coronel Chaviano, con una grabadora. Es esa foto que apareció en los periódicos, en la que Castro tiene detrás, una foto de Martí. También estaba el capitán Sarría y creo que un comandante de la policía, cuyo nombre no recuerdo.

Comenzaron a interrogar a Fidel y Chaviano comenzó a indignarse, porque Castro estaba arengando a la tropa, con esa costumbre suya de que le preguntas una cosa y te responde con lo que él te quiere contestar. Chaviano estaba muy irritado con él, tenía la cara roja pero no lo interrumpió. Así que Fidel dijo todo lo que le pareció.

Esa grabación se pasó, después, en el Cuartel Moncada y cuando Chaviano la escuchó tuvo un ataque de histeria. Yo nunca había visto a un hombre en esas condiciones: quería oír la grabación y, al mismo tiempo, no quería.

Después del triunfo de la revolución traté de encontrar la cinta en el despacho de Chaviano pero no la encontré. Nunca apareció. Fidel aprovechó que tenía delante una grabadora para pronunciar una de sus largas peroratas. Siempre ha sido así.

Salimos juntos del vivac. Yo había llevado mi automóvil. El comandante Morales, que dirigió la operación de traslado salió conmigo y con Fidel hasta la acera que está enfrente. Y en un momento, el comandante hace un aparte conmigo y me dijo: "Cámbiate la pistola de lugar".

Yo llevaba la pistola —como todos los militares— al lado derecho. Y Fidel se sentó a mi lado. Tenía la pistola al alcance de su mano. Pensé en eso y me cambié la funda para la izquierda. Después de Castro montamos a las muchachas, que eran tres...

Aguilar: ¿Tres? Yo tenía entendido que eran dos...

Yánez Pelletier: Había una tercera, Sara Cuesta, que no tenía nada que ver con el asalto. Había caído prisionera, junto a su esposo y el chofer. El esposo se llamaba Mario Burman. Vivía en Venezuela hasta hace muy poco. No sé si vive todavía allá. Óscar Grass era su chofer.

Los detuvieron el mismo 26 de julio cuando salían de Santiago de Cuba.

Los imponderables son una cosa que uno siempre debe tener en cuenta. Cuando este matrimonio siente el tiroteo deciden salir cuanto antes, dada su condición de forasteros y el peligro que entrañaba la situación. Burman estaba en Santiago de Cuba porque tenía pendientes algunos trámites de negocios. Había traído a su esposa para que paseara con él. Tenía estacionado su auto frente al Baturro, que está cerca del hotel Venus. De pronto suenan unos disparos en esa esquina y unas de las balas alcanza el capó y rompe adentro el conducto de la gasolina.

Tratando de arreglar la avería Burman se da una pequeña herida en un dedo y al sacudir la mano mancha de sangre la reluciente pintura del auto. Arreglada la avería, tratan de salir cuanto antes de Santiago de Cuba, pero cuando están pasando por el alto de Quintero, los soldados que estaban revisando los autos se percataron del balazo y de la pequeña mancha de sangre y allí mismo son hechos prisioneros y llevados al Cuartel Moncada. Hay una foto publicada en un libro, creo que de Marta Rojas, en que se ve a Burman y Óscar Grass, junto a Raúl y otros prisioneros.

Pero siguiendo la historia del traslado de los prisioneros: cuando ellos subieron al auto, el comandante Morales dijo: "Con los muchachos van dos soldados que son mis hijos". Hubo un hecho significativo, muy elegante de parte del comandante Morales. Cuando Castro fue a subir, le cedió el paso y le dijo: "Pase usted, Doctor".

Un gesto muy caballeroso. Cuando llegamos a la prisión, ya oscurecía. Los mandé a sentar en un banco hasta que llegara el resto de los prisioneros que venían en diferentes vehículos.

Aguilar: ¿Ese fue el primer contacto de Fidel con los demás asaltantes que sobrevivieron?

Yánez Pelletier: Fidel pudo ver en ese momento a quienes habían quedado vivos. Todos fueron pasando por delante de él, que estaba allí sentado. En la prisión los fui ubicando en el bloque de celdas del primer edificio, en los altos, en el ala izquierda del penal.

Yo había conseguido que los presos comunes me dejaran la parte alta del edificio. En realidad yo conseguía de ellos cualquier cosa porque los prisioneros conseguían de mí todo lo que me pedían. Yo les garantizaba todos sus derechos y les exigía todos sus deberes. Porque bastante tiene un hombre con estar tras las rejas.

Y es una obligación elementalmente humana, respetar su condición. Yo siempre fui muy estricto en mi comportamiento, en ese y otros muchos sentidos.

A las muchachas las ubiqué en la primera celda, en el mismo piso donde estaba el resto de los asaltantes. Para que tuvieran cierta privacidad mandé a forrarles los barrotes de la puerta con una lona. Eran mujeres en una galera de hombres y sentí que tenía que darles un tratamiento mucho más delicado.

Esa noche salí y les compré algunas cosas para hacerles más llevadero su encierro. Después de conseguirles esas condiciones mínimas decidí que a partir del día siguiente las llevaría, todos los días, a la casa del director del penal. Yo tenía un ordenanza que se llamaba Eduardo Fallada a quien le encargué recoger por la mañana a las tres muchachas y llevarlas a la casa del director para que pudieran asearse. Las dejaba allí y a la hora del almuerzo yo iba, me sentaba con ellas, y almorzábamos juntos.

Haydee Santamaría, que estaba tan dolida (no me extrañó que años después se suicidara, precisamente, un 26 de julio, aniversario del asalto al Cuartel Moncada) se negaba a sentarse a la mesa con un militar que era mi segundo en la prisión: el teniente

Rosabal, que era muy hosco, muy grosero, y a ella, desde el primer día, no le simpatizó. Por esa razón, de acuerdo con ellas, llegaba un poco más tarde para que no tuvieran que encontrarse con él.

Aguilar: ¿Dónde puso a Fidel?

Yánez Pelletier: En el bloque de celdas que quedaba frente al salón del dentista. Allí estuvo mientras yo permanecí a cargo de los reclusos. Estaba solo porque tenía la orden de mantenerlo incomunicado.

Un día, cuando yo regresaba con las muchachas, de la casa del director en dirección a las celdas, Fidel me llamó y me dijo: "Yánez: necesito hablar con las muchachas" — "¿Con las tres?" — "No con las dos. A la otra no la conozco".

Se refería a Haydee y a Melba. Y continuó: "Creo que Haydee, en el ataque al cuartel, perdió al novio, Boris Luis Santacoloma, y al hermano, Abel Santamaría Cuadrado. Quisiera hablar con ellas…" le dije: "Tú sabes que tengo órdenes de tenerte incomunicado. Pero dame tiempo y después veremos cómo puedo arreglar una conversación entre ustedes…"

Aguilar: ¿Logró por fin Castro hablar con las muchachas?

Yánez Pelletier: Yo era un oficial muy ocupado y no pude cumplir inmediatamente la solicitud de Fidel. A los 2 ó 3 días él me recordó su pedido y le dije. "Vamos a ver si lo hacemos hoy". Por la tarde, cuando las jóvenes regresaron las llevé a la celda de Fidel para que pudieran hablar. Me quedé allí, vigilando, para evitar que alguien fuera a interrumpir y, al mismo tiempo, para no perjudicarme. Yo estaba violando las ordenes del mando superior y eso en el ejército es muy delicado.

Me quedé allí pero los vi embarazados, sin poder hablar con franqueza. Entonces les dije: "Miren, yo me voy a apartar un poco, como si diera un paseo. Pero cuando regrese se separan y las muchachas vienen hacia mí para entrarlas a su celda. Porque es un peligro si viene alguien".

Años después Haydee me dijo: — "Ese día que tú nos permitiste hablar con Fidel preparamos cómo se iba a actuar en el juicio por el asalto al Cuartel Moncada…"

Castro les orientó que les dijeran a los asaltantes que al que hubieran capturado en el área del combate aceptara su culpabilidad, pero al que hubieran sorprendido fuera de esa zona, en ropa de civil, dijera que no tenía nada que ver con los sucesos. Así fue como un numeroso grupo de asaltantes fue puesto en libertad. A Sara Cuesta, a su esposo y al chofer los dejaron libres después que probaron no haber intervenido en el asalto.

Aguilar: Según tengo entendido una de las órdenes que recibió usted como Asesor Militar de la Prisión de Boniato fue la de envenenar a Castro. ¿Es eso un rumor, parte de la propaganda castrista o fue verdad?

Yánez Pelletier: El día que capturan a Fidel y lo están interrogando en el vivac, yo estoy allí. El primer teniente Rico Bodué, que era ayudante de Chaviano, conversa con otro ayudante del mismo Chaviano, llamado Ángel Machado Rofe, y éste me dice: "¿Tú viste lo que ha hecho Sarría?" (Lo que había hecho Sarría era haber traído a Fidel desde el lugar donde fue capturado hasta el vivac, para entregarlo a las autoridades pertinentes) "Como al coronel Chaviano no le cayó bien eso hay que resolver este problema. Tú que estuviste estudiando medicina: búscate unos polvos o algo para echarle en la comida y vamos a informar que fue capturado pero está enfermo. Todo va a ser fácil porque como estuvo varios días vagando por el campo, pudo haber tomado alguna agua descompuesta…"

Todo esto que te estoy diciendo me lo dijo este señor delante del teniente Chaple, el ordenanza Fallada y un jovencito, casi un niño, que yo crié, David Hernández Fernández. Quedé helado cuando escuché esa orden. Me dijo, además, que pusiera a Castro en una bartolina, que es una celdita de un metro y diez centímetros de ancho y el largo de una persona, con un hueco al final para las necesidades. Que le regara un saco de sal en grano en el piso.

Me quedé pensando pero no dije una sola palabra. Y cuando llegué a la prisión estacioné el auto debajo de una mata de mango.

En la prisión se rompió el silencio y el ordenanza Eduardo Fallada, que era un guajirón grande, muy buen muchacho, me dijo: "Teniente: ¿Usted se dio cuenta de la enormidad de lo que le dijeron allá?" Esa era la concepción moral de ese hombre que, por cierto, no era precisamente un letrado. Asesinar a un hombre siempre es una acción detestable. Pero es mucho más repudiable si ese hombre está indefenso.

Por eso, en el juicio contra Sebastián Arcos Bergnes, le dije a un fiscal, después del juicio, ya que no me dieron la oportunidad de declararlo públicamente: "Yo vengo defendiendo los derechos humanos hace más de 40 años, desde que defendí los derechos humanos del comandante de ustedes, cuando estaba indefenso e imposibilitado de reaccionar. Y a mí me dieron la orden de privarlo de la vida. Y no cumplí esa orden. Porque él tenía derecho a vivir, a ser respetado, a no ser maltratado."

Todos esos conceptos humanos, éticos, y morales se los apliqué a Fidel. Porque el trato humano no viene en ninguna Declaración. Y a mi él, no me dio ese trato cuando injustamente me llevaron a la prisión.

Aguilar: ¿Por qué causas lo separan de las filas del ejército?

Yánez Pelletier: Después de todas esas cosas que pasaron en la Prisión de Boniato, una noche recibí la orden de entregar el mando al segundo, que era Rosabal. Hablé con el sargento Ramos, que era mi hombre de confianza, y le dije: "Me han dado la orden de entregarle el mando a Rosabal".

Fui, me despedí de los presos y me marché. Años más tarde Temístocles Fuentes me confesó que ellos decidieron cantar el himno nacional cuando yo me iba.

Ese mismo día me presenté en el Cuartel Moncada. Allí me estaba esperando el capitán Tandrón para que me constituyera en arresto en su unidad. Alrededor de las 3.00 a.m. me llaman a la jefatura del regimiento y allí me encuentro al comandante Andrés Pérez Chaumont de Altuzarra.

Tuvimos algunas palabras porque me gritó, y le dije que la única persona que me podía gritar, en determinado momento, era mi padre. Le dio un ataque de histeria y mandó a que me sacaran de allí. Vino un sargento y me dijo: "Por favor, teniente: acompáñeme, mire al comandante como está".

Salí con el sargento y regresé donde Tandrón. Por la mañana este vino, muy apenado, y me dijo, que tenía la orden de darme la baja. Le pregunté qué debía hacer, y me dijo que las cosas militares tenía que dejarlas allí. Todos los uniformes militares los regalé a los soldados y oficiales. El sable se lo di a un teniente. En fin, entregué todas mis pertenencias y salí en mi auto para el hotel Venus. Esa noche le escribí una carta a mi madre, para que ella supiera por mí mismo lo ocurrido. La carta dice así:

✳ ✳ ✳

16 de agosto 1953

"Mi querida mamá"

Hoy domingo me he levantado y he ido a la misa de la capilla de la Virgen del Cobre, en el Santuario. Te extrañará quizás esto, pero lo he hecho para dar gracias a Dios y a la Virgen que me hicieron pasar por el ejército sin que en mis manos ni mi conciencia quedara sangre o remordimiento de haber hecho daño a nadie. Te diré que anoche me fue comunicada mi baja de las Fuerzas Armadas, no sé si retirado o sencillamente dado de baja por conveniencia del servicio, que es una salida que buscan siempre que lo quieren botar a uno. Me pidieron algo que pugnaba con mis sentimientos de cristiano y con la educación recibida de ustedes, que nunca quisieron que hiciera mal a nadie si no podíamos hacer un bien y los consejos que nunca olvidé de mi padre cuando ingresé hace 9 años, 11 meses y 15 días en este cuerpo, al que di con orgullo mis mayores energías, mi juventud y mis conocimientos y también prestigio y dignidad pues de mí nadie pudo decir otra cosa sino que fui caballeroso y gentil con todos.

Por lo tanto puedo marchar con mi cabeza alta y mi conciencia tranquila y feliz. No quiero que te aflijas que sufras por esto, yo sé como tú eres. Por mi parte te diré que lo he recibido como una bendición y casi me alegro, pues ya el ejército no era para mí lo mismo de antes, se vivía un clima de intrigas, calumnias, mentiras y hombres que sólo se preocupan de subir, aunque lo tengan que hacer a costa de los que conviven con ellos. Me estaré unos días por acá y después me voy para allá aunque a decir verdad no sé si regrese aquí. Donde quiera que me sienta bien allí tendré mi domicilio, estoy seguro que no se me cerrarán las puertas de muchos. Por lo demás mi hijo no ha de carecer de nada pues su mamá tiene para sostenerlo y yo siempre podré ayudar en algo. Tan pronto me encamine ganaré tanto como donde estaba y quizás con menos responsabilidades y más libertad. Dile a mis hermanos que no comenten esto ni a favor ni en contra, que esperen a verme para que les cuente y puedan decir la verdad y nada más. Llama a María y díselo también, a mis tías, a Lidia la veré cuando pase por Santa Clara. Dale un abrazo a mis hermanos y saluda a mis amigos. Y tú, madre mía, recibe un beso de tu hijo que mucho te quiere,

Chuchú.

✳ ✳ ✳

*

Aguilar: ¿Qué hizo usted, cuando fue separado del ejército?

Yánez Pelletier: Regresé a La Habana y establecí comunicación con Enrique Cabré, un amigo mío que trabajaba como viajante de medicinas. Me puse a trabajar con él y por eso comencé a visitar distintos médicos en Santiago de Cuba.

Al poco tiempo ya los galenos no querían que los visitara porque detrás de mí venía la inteligencia militar, persiguiéndome por toda la ciudad. El coronel Chaviano no quería que yo estuviera en esa provincia, por lo que me detuvieron varias veces en Manzanillo, Bayamo, Palma Soriano, La Maya…

A donde quiera que me movía allá iban y me encarcelaban. Estuve preso 17 ó 18 veces. Me abrían el maletín y me botaban las medicinas, tuve que dejarlo todo e irme. Eso es lo que se sufría entonces, parecido a lo que se está sufriendo ahora.

Después me relacioné con un amigo, que vivía aquí, en El Vedado. Tenía una fábrica de cortinas venecianas y me dio la representación de su fábrica en Santiago de Cuba. Estuve vendiendo cortinas en esa ciudad pero la persecución continuaba: la represión contra mí iba en aumento. Por lo que decidí irme al exilio y en el mes de diciembre de 1955 salí para los Estados Unidos, precisamente cuando Castro acababa de abandonar ese país con rumbo a México. En todo ese tiempo mantuve contactos con los miembros del Movimiento 26 de Julio en La Habana.

Estando en Nueva York, llegó a esa cuidad Juan Manuel Márquez. Él y yo nos conocíamos de Marianao. Vino a verme y conversamos una noche con Pérez Vidal y Barrón, que era un delegado de Castro en Nueva York. Juan Manuel determinó que dados los contactos que yo había establecido con algunos elementos que podían vendernos armas, no debía moverme de allí. Pero, de súbito, tuvo que regresar a México porque habían detenido a los futuros expedicionarios del Granma.

Eso fue lo que aceleró la salida de ellos hacia Cuba, en el año 1956. Yo me quedé esperando órdenes que me llegaron, después, a través de Pedro Miret y Gustavo Arcos. Me dediqué, así, a la compra de armas, junto con Lester Rodríguez, Elvisio Bernal, Fernando Rodríguez, Salvador Morgan, Jorge Soto, Sangenis, Panchito Rayalsaba, y otros como Pachungo que caería más tarde, con el Che en Bolivia, etc.

Aguilar: Permítame precisar: ¿Cómo se incorpora al Movimiento 26 de Julio?

Yánez Pelletier: Cuando los asaltantes al Cuartel Moncada salieron de la cárcel, yo comencé a visitar el apartamento de Jovellar 107, en El Vedado, donde vivían Melba y Haydeé. Allí vi los primeros ejemplares de "La Historia me Absolverá" y llevé algunos folletos a Santiago de Cuba. Desde ese momento comenzó mi actividad dentro del Movimiento 26 de Julio.

Aguilar: ¿Cuándo conoció a Castro? Se ha dicho que fue en un juego de béisbol entre Almendares y La Habana, en el estadio del Cerro…

Yánez Pelletier: No, realmente no fue así. Un día llegué a mi casa y cuando entro veo a un joven, de pie, frente a una panoplia de armas que yo tenía. Cuando se volvió, mi esposa, que era estudiante de derecho, me dijo: "Él es un compañero de la Universidad". Nos saludamos pero su nombre no me dijo nada.

Se interesó mucho por las armas de la panoplia y me preguntó por cada una de las pistolas. Le expliqué las características de cada una de ellas y después se interesó por el funcionamiento. Hasta le hice una demostración con una pistola de duelo… En la panoplia había gran variedad de armas, fusiles, pistolas de chispa, de esas que salen en las películas de piratas… Esa colección era de mi suegro, el general Gregorio Querejeta. Frente a la panoplia había un retrato de Gregorio, casi de cuerpo entero, vestido con el uniforme militar. Esa pintura la había hecho un pintor habanero, ya fallecido, Pastor Argudín. Hoy esa colección está en la casa de mi hijo y su mamá y no ha sido fácil conservarla.

Cuando triunfó la revolución vino la Seguridad del Estado y quiso llevársela. Mi ex-esposa, que es abogada, hizo diversas gestiones y logró conservar ese recuerdo de familia. Fíjate lo que son las cosas: esas armas estuvieron allí en el gobierno de Grau, de Prío y en el de Batista y nadie se interesó por ellas. Sin embargo, en cuanto triunfa la revolución intentaron quitárnosla. En resumen, así fue como conocí a Fidel.

Aguilar: ¿En esa etapa no volvieron a verse más?

Yánez Pelletier: Sí, en esa etapa coincidimos varias veces en el estadio del Cerro. Él iba allí, al palco nuestro, de vez en vez, pero sólo de vez en vez. No acostumbraba a ir con frecuencia a ver los juegos de pelota.

Da la casualidad que, andando el tiempo, ese es el mismo palco donde va ahora, al lado de donde se instalan las cámaras de la televisión. Ese palco lo pagábamos entre un grupo de amigos. La propiedad era del Dr. Rubén Acosta, del Partido Ortodoxo, candidato a representante y muy amigo de Eduardo Chibás y mío. Hasta estábamos medio emparentados: Acosta estaba casado con una sobrina de mi padrino. Teníamos muy buenas relaciones.

Cuando Acosta alquiló el palco le cedió algunos asientos a los hermanos Águila, William, Nelson y Bebo, que eran los dueños del central Niágara. Venían allí, con sus esposas, y también yo lo frecuentaba, junto al Doctor Escalona, tío de este otro Escalona que fue el fiscal en el juicio al general Ochoa, Amaury Escalona (anticomunista, hermano de comunistas), Manuel Antonio de Varona, Arturo Hernández (Arturito), con quien coincidí luego, en la cárcel, y que en la época de Grau sonaba como figura presidenciable, Rafaelito Inclán, presidente de la Liga de Béisbol; y el Doctor Aballí, médico de esa liga; Enrique Cabré, y Yiyo Acosta, el pelotero.

En fin, aquel era un lugar social donde nos reuníamos a departir. Decíamos que era un palco presidenciable. Qué lejos estábamos de pensar lo que ocurriría años después.

Al palco de al lado iban Humberto Medrano subdirector de Prensa Libre, Raúl Menocal, ex-alcalde de La Habana e hijo del general Menocal, Ulises Carbó, hijo del dueño de Prensa Libre y Alfredo Izaguirre Rivas, a quien conocí de niño, allí, en el estadio.

Por esas raras coincidencias de la vida años después compartí la prisión con él. Fue un preso muy valiente, muy digno. Cuando comenzó el llamado "plan de rehabilitación… Camilo Cienfuegos" le dijo a un oficial: "Yo no voy a ir al trabajo forzado…" Entonces lo mandaron a separarse del grupo y lo llevaron a un lugar apartado y allí le dieron una paliza descomunal, tan terrible que casi lo matan. Ese día yo estaba ingresado en el hospital, y vi cuando dejaron allí a Izaguirre sobre una mesa, sangraba por varios lugares del cuerpo. No obstante lo mantuvieron durante horas sin asistencia médica, sin que nadie se le pudiera acercar porque los soldados no lo permitían. Izaguirre casi estaba agonizando.

Después alguien se comunicó con La Habana e informaron lo sucedido y al parecer recibieron la orden de que no lo dejaran morir. Imagínate, se armó un corre — corre terrible de los médicos, para tratar de que no muriera.

Aguilar: ¿Murió?

Yánez Pelletier: Izaguirre, no llegó a morir, en efecto, pero quedó con varias secuelas. Sufrió invalidez por un tiempo. No sé si logró recuperarse ya que no he sabido de él en los últimos tiempos, pero lo recuerdo mucho, porque fue en todo momento ejemplo de dignidad.

A ese palco también iba Arnaldo Escalona Almeida, de cuya amistad me honro. Era una persona decente, todo un caballero. Su esposa Hilda Felipe ha sido nuestra compañera en esta lucha dentro del Comité Cubano Pro-Derechos Humanos.

Una vez me encontré a Escalona Almeida, en la calle Obispo, en La Habana Vieja, tanto él como yo recién salidos de la prisión. Cuando me vio se paró en medio de la acera y abrió los brazos, diciéndome: "Aquí tienes al mecanógrafo mejor pagado de Cuba". De profesor de la Universidad lo trasladaron para una oficina. La famosa "*OFICODA*" (Oficina de Control de Abastecimientos de Alimentos).

Mire usted: un profesor universitario, abogado famoso, que había defendido brillantemente a decenas y decenas de personas en toda su trayectoria como abogado, Castro lo asigna, nada más y nada menos, que a un oscuro rincón en una oficina de mala muerte.

Aguilar: Es una forma típica del comportamiento de Castro con sus adversarios: humillarlos, degradarlos.

Yánez Pelletier: Para ofenderlos. Porque a hombres como Escalona resulta imposible degradarlos. Era un hombre digno en toda la extensión de la palabra. Después del triunfo de Fidel se dedicó a defender a las mujeres y hombres que disentían con la línea oficialista del régimen, hasta que un día, en una acción muy propia de su estatura moral, decidió que no podía dadas las imposiciones que le hacía el gobierno castrista, continuar como abogado. Se quitó la toga, en el mismo juicio, y dijo: "Nunca vendré aquí a defender a nadie mientras la justicia esté en Cuba en estas condiciones…"

Tengo de él una pequeña anécdota de cuando llegó a la prisión de La Cabaña, después de los sucesos por la causa de la microfracción, en la que estuvieron involucrados un grupo de cubanos, entre los que se encontraba, Ricardo Bofill, Aníbal Escalante y otros más, que trataron de introducir cambios substanciales en la política del país, sin contar con que cerca de Castro es imposible hacer nada nuevo, y mucho menos llevar a la práctica ninguna idea que él previamente no apruebe.

Arnaldo Escalona llegó a la galera 13 ó 14 de La Cabaña, (no recuerdo con exactitud cuál de las dos era, pero era una de ellas) y cuando penetró en el pabellón encendieron las luces. Entonces se paró en el pasillo y dijo: "Para los que no me conocen: me llamo Arnaldo Escalona Almeida. Fui comunista pero aquí soy un compañero más de ustedes. Y cualquier cosa que suceda cuenten conmigo…"

Unos lo aplaudieron y otros no, pero la mayoría de los presos políticos que llevaban mucho tiempo tras las rejas, sintieron de inmediato simpatía por aquella actuación. Era un hombre muy culto. En la galera donde lo pusieron había personas de distintas procedencias. Allí estuvo con nosotros hasta que se lo llevaron para otro lugar. Recientemente murió en Miami. Y he sentido profundamente no haber vuelto a verlo antes que falleciera.

*

Aguilar: Gustavo Arcos Bergnes es una de las figuras más notables de la lucha pacífica contra el régimen castrista. Me gustaría que hablara en torno a él, que junto a Fidel Castro participó en el asalto al Cuartel Moncada y actualmente es Presidente del Comité Cubano Pro-Derechos Humanos, por lo que ha sufrido innumerables persecuciones.

Yánez Pelletier: Gustavo resultó herido en el asalto al Cuartel Moncada. Lo llevan al hospital y por una feliz coincidencia lo asiste el Dr. Posada. Digo feliz coincidencia porque este mismo galeno fue quien asistió a la madre de Gustavo en el parto de éste. O sea, que le salvó la vida por segunda vez…

Aguilar: ¿En qué circunstancias es herido Gustavo? Tengo entendido que él iba en el mismo automóvil que Castro…

Yánez Pelletier: Gustavo resultó herido a las puertas del cuartel. Gustavo y Castro viajaban en el mismo auto, uno al lado del otro. Cuando Gustavo baja del carro recibe un balazo que le interesó la columna, inutilizándole una pierna. Los que lo acompañan lo abandonan. Creo que fue Ramiro Valdés quien, cuando salió del cuartel, lo vio tirado en el suelo y lo auxilia. Lo traslada para una casa cercana, de donde llaman al Doctor Posada, que luego lo lleva al hospital.

Paradójicamente, ese mismo Ramiro Valdés años más tarde, en función de Ministro del Interior de Castro, persiguió a Gustavo y permitió que le prepararan una trampa cuando Gustavo quiso ir a ver a su hijo a los

Estados Unidos. El hijo de Gustavo, que vivía en ese país, tuvo un accidente automovilístico y se encontraba en estado crítico. Gustavo quiso ir a verlo. En esa época él era embajador de Cuba en Bélgica, y aquí comienza toda la oscura urdimbre.

Lo acusaron de cosas increíbles. Yo tuve la suerte de ver la causa por la que condenaron a Gustavo Arcos Bergnes y no había un solo delito por el que se le pudiera condenar. Digo: un solo delito creíble. Lo acusaron de haberle facilitado dinero a su hermana para que viajara a los Estados Unidos para que viera a su hijo, puesto que a él le negaron la solicitud. Ese dinero que le dio Gustavo a su hermana procedía de su salario como embajador. No se lo robó a nadie.

Su hermana era religiosa y eso sirvió para otra acusación: la de asistir a la Iglesia. Recientemente tuve ocasión de indignarme viendo al señor Eusebio Leal (Historiador de La Habana y miembro del Comité Central del Partido Comunista) hablar de las maravillas del catolicismo en Cuba. Ese mismo gobierno que él ensalza fue el que encarceló a Gustavo por ser católico.

Cuando Fidel nombró a Gustavo embajador de Cuba en Bélgica lo hizo porque Gustavo Arcos Bergnes tenía suficientes méritos y capacidad. Sin embargo, después, cuando les conviene, lo acusan, ridículamente, de asistir a la Iglesia, incluso de que le había prestado el automóvil a su novia para que ésta asistiera a la Iglesia.

Cuando se ven esas acusaciones malintencionadas y absurdas, uno se da cuenta muy pronto de que está en presencia de una canallada, de una puesta en escena maligna del gobierno.

Entre las acusaciones hay una que yo estoy seguro era la principal: Criticar las órdenes del "Comandante en Jefe". Eso, desde luego, era lo más grave: criticar al *Incriticable*. Castro le ha hecho creer a quienes lo rodean, o los obliga a creer, que él es Dios. Y como sabemos, a los dioses no se les puede criticar.

Es realmente increíble cómo este hombre se ha endiosado... Esa actitud contra Gustavo Arcos Bergnes, siempre será la misma, con todo aquel que se atreva a disentir de la línea que dicta la política oficial del régimen.

Como te decía, a Gustavo se le prohibió viajar a los Estados Unidos, pero el gobierno de Castro fue más lejos: valiéndose de artimañas lograron convencer a la ex-esposa de Gustavo para que trajera al joven a "la potencia médica". Ella vino con los hijos a Cuba, ingresaron al joven accidentado, y un buen día se aparecieron a la prisión, mandaron a Gustavo a que se vistiera de civil y lo trajeron al hospital.

En ese momento y no antes fue que Gustavo se enteró de que su hijo estaba en Cuba. Le hicieron la oferta a Gustavo de ponerlo en libertad si renunciaba a sus principios. Esto lo indignó enormemente. Le dio un beso a su hijo y acto seguido le dio la espalda y le pidió a los agentes de la Seguridad que lo condujeran a la cárcel.

Siempre la vieja técnica del chantaje, en este caso una de las más crueles. Fidel siempre se ha cuidado de que lo chantajeen. Yo no lo concebía chantajeando a nadie. Pero con el decursar de los años, por muchas y muchas evidencias he llegado a la conclusión de que esa es su arma principal.

Al hijo de Gustavo, lo operaron en Cuba y con ello le precipitaron la muerte: Murió aquí, y Gustavo no pudo ir al velorio.

*

Aguilar: Después del triunfo de Castro: ¿Cómo usted se vincula a la revolución?

Yánez Pelletier: Como te explicaba anteriormente: yo estaba trabajando en Nueva York, en la compra de armas, etc. Se las compraba a todos los grupos antidictatoriales, nunca he sido sectario. Si la gente del Directorio Revolucionario 13 de Marzo necesitaba algo y estaba en mis manos resolverlo, así lo hacía, como también lo hice para Carlos Prío, quien me dijo personalmente: "Lo primero que hay que hacer es ayudar a los que están en la Sierra Maestra, porque la Sierra es un faro que tenemos en Cuba, una luz encendida, y no podemos permitir que se apague. Hay que ayudarlos en lo que se pueda y todo lo que esté a mi alcance lo pondré a disposición de ese fin…"

Eso me lo dijo Prío en presencia del Gordo Díaz Viar, que era su delegado en esa reunión, y ante Julio García Oliveira, que representaba al Directorio Revolucionario. Prío fue muy magnánimo, muy desprendido. "Todo lo que yo tengo está a disposición de ustedes", solía decir.

Aguilar: Usted estaba en Nueva York el 1ro. de enero de 1959. ¿Qué hizo?

Yánez Pelletier: Ese día llegó un avión procedente de Cuba y Miguelito Acosta, que era el capitán de la nave, me llamó y me dijo que estaba a mi disposición, que cuando yo dispusiera saldría para Cuba. Llamé al aeropuerto de La Habana y estaba cerrado. Lo abrieron en la madrugada del día 2. Ese mismo día llegué a Cuba con un grupo de jóvenes que estaban exilados en los Estados Unidos. De inmediato me presenté en Columbia.

Ya allí estaba el comandante Camilo Cienfuegos. También vi a Barquín, quien me dijo: "Hazte cargo con Borbonet, del regimiento número 6". Le respondí: "No puedo, me voy en un avión para Holguín a encontrarme con Fidel…" y continué: "Yo me debo al Movimiento 26 de Julio". Me dijo que hablara con Viafaña que estaba al frente de la aviación…

Pusieron a mi servicio un avión que le decían el "Viejo Pancho" porque le había pertenecido a Tabernilla, el ex-jefe del ejército de Batista. Viajamos en él, José Llanusa, Chibás y yo. Chibás iba a renunciar porque lo habían nombrado Ministro de Hacienda, y él decía que no quería ser ministro de nada. No pudimos ver a Fidel, porque aterrizamos en Holguín y ya él había pasado por allí. Decidimos continuar rumbo a Santiago de Cuba.

Cuando llegamos me presenté en el Cuartel Moncada, al frente del mismo, estaba el comandante Hubert Matos. La primera persona que vi fue al comandante Haza, de la Policía Nacional con un brazalete del 26 de Julio. Estando allí, llegó Rosario García, la madre de Frank País y le dijo a Raúl Castro, "Raúl: ¿Cómo tú permites que este hombre tenga puesto ese brazalete?". Raúl se volvió hacia el comandante y le ordenó que se lo quitara.

Estaban detenidos allí varios soldados, entre ellos Nelson Carrasco y Artiles, que tenía una pierna enyesada como resultado de un accidente.

Raúl Castro me dio la orden de desarmar las unidades que estaban llegando a Santiago de Cuba, de lo que me ocupé enseguida. Éramos, entonces, muy felices. La guerra había terminado y creíamos que de cierto la libertad se había instaurado en nuestro país.

Salí con Raúl en un recorrido por el regimiento. Me mandó a buscar Despaigne a quien yo conocía del escuadrón 18 y ahora él estaba detenido en el vivac de Santiago de Cuba. Fui a verlo. En su misma celda estaba el sargento Caso Pérez, un muchacho alto, blanco, que Borbonet y yo habíamos alistado en el ejército. Cuando me separaron de ese cuerpo, me encontré con él. Lo tenían asignado para cuidar los casinos. En aquella oportunidad le dije: "Mira, Caso tú eres un hombre joven. No te metas en eso. Hoy ganas unos pesos pero mañana te van a pedir otras cosas que te pueden perjudicar. Retírate. Vete de aquí. Si te vas conmigo para los Estados Unidos, allá te puedes abrir paso hasta que esto pase..." No me hizo caso, se quedó, y le sucedió lo que le pronostiqué: lo sacaron de los casinos y lo pusieron a reprimir. Junto a Despaigne estuvo persiguiendo y arrestando a los revolucionarios...

Cuando los fui a ver, recuerdo que Despaigne salió con una toalla blanca en el cuello, hablaba muy pausado, en voz baja. Cuando me vio me dijo: "Teniente, sólo quiero decir una cosa: yo no maté a ese niño que me acusan haber matado..." Se refería a William Soler. Concha, la secretaria de los tribunales, me había enseñado el expediente. A Despaigne y a Caso lo acusaban de la muerte de Soler. Me repitió: "Teniente: yo no lo maté. Le soy sincero. No tengo por qué mentir, nos conocemos desde hace muchos años. Yo lo detuve a la salida de una fiesta, lo llevé al cuartel y lo entregué al Servicio de Inteligencia Militar (SIM) y seguí mi recorrido, pensando que una noche en el cuartel le serviría de escarmiento a ese muchacho. Y después me fui a dormir. Al otro día pasé por el SIM y pregunté por él, y me dijeron que lo habían liquidado. Seguí averiguando y me enteré que habían aparecido dos cadáveres en la carretera del El Morro. Cuando llegué allí, me di cuenta que uno de ellos era Soler…"

"Quién lo mató, yo no lo sé. Pero no fuimos ni Caso ni yo. Nosotros sólo lo detuvimos…" Les dije: La acusación cae sobre ustedes, todos los jóvenes que estaban en la fiesta dicen que tú y Caso se lo llevaron. —En realidad fue así, pero no lo matamos.

Todas esas cosas pasaron, algo similar sucedió en La Habana con el hijo de Óscar Alvarado, que también lo detuvieron y lo llevaron a la estación de policía de 10 de Octubre (Ciudad Habana) y lo dejaron allí. El sargento de la carpeta tuvo la "buena idea" de registrarlo en el libro y ese libro lo condenó después a él…

Aguilar: ¿Por qué usted dice que el libro lo condenó?

Yánez Pelletier: Porque cuando triunfa la revolución, Óscar Alvarado, el padre del muchacho, fue nombrado Fiscal del Tribunal Revolucionario y se propuso que todo el que tuvo que ver con la muerte de su hijo lo iba a enjuiciar y entre los que enjuició estaba el sargento Clausell, que no tenía nada que ver con la muerte del muchacho. Lo único que había hecho era inscribirlo en el libro de la carpeta. Mediante ese libro se pudo saber que lo habían detenido y quiénes lo habían hecho.

Traté de resolver el problema de Clausell. Yo era amigo de Ana María Guerra, ex-esposa de él, ella había trabajado conmigo en los Estados Unidos. Ana María tenía un hijo con Clausell y me dijo: "No quisiera que el padre de mi hijo sea fusilado". Cuando fui a hablar con Alvarado, éste me dijo que no transigía en eso, que no admitía que le tiraran toallas a nadie... Le expliqué que ese hombre era inocente que su honestidad le había servido para que él supiera quiénes habían tenido participación en la muerte de su hijo. Pero no hubo manera de que transigiera. Y fusilaron a Clausell injustamente.

Ana María hizo todo lo posible porque no fusilaran al padre de su hijo, pero no le fue posible evitarlo. Ella no quería que su hijo sintiera vergüenza algún día por el fusilamiento de su padre.

Yo le digo al hijo de Clausell, desde las páginas de este libro, que no debe sentir ninguna vergüenza. Su padre fue víctima inocente del ensañamiento innecesario de los primeros días de la revolución en que nadie podía intervenir a favor de una persona aunque fuera inocente. Así mismo fueron fusilados muchos que no lo merecían.

Le digo a ese hombre, que debe andar ahora por los 40 años, que su padre fue un mártir de esta lucha. Su padre no fue un asesino. Lo fusilaron por ser honesto en su trabajo. Si a él no se le ocurre darle entrada en el libro al muchacho, nunca nadie hubiera sabido nada de ese joven...

Aguilar: ¿Dentro de sus funciones como Capitán Ayudante de Castro, tenía el control de la escolta?

Yánez Pelletier: Como capitán ayudante de Fidel tenía que ver con la escolta. Tenía, en ciertos aspectos, alguna jerarquía sobre ella.

Era una época convulsa, los oficiales de la escolta no obedecían a nadie. era muy difícil manejarlos. Tú le decías que fueran a un lugar y no iban, los mandabas a cuidar un sitio y se iban de allí. En fin, en aquellos días no había la intención de eliminar físicamente a Fidel. De lo contrario hubiera sido tarea fácil para alguien avanzado en estos menesteres. La mayoría de las veces estaba solo, salíamos y no había nadie de la escolta y teníamos que montar en cualquier carro.

El día que Fidelito, su hijo mayor, tuvo el accidente, Fidel salió del hotel Hilton únicamente conmigo. Recorrimos varios hospitales de la capital, hasta el de Emergencia, yo al volante y él sentado al lado mío. Fue un accidente automovilístico a la entrada de la playa de Tarará, en mayo de 1959. A Fidelito hubo que extirparle el bazo.

*

Aguilar: Usted, como ayudante personal de Fidel estuvo constantemente a su lado, participó de todas sus actividades: ¿Qué vio que lo hizo cambiar de ideas y alejarse del jefe de la revolución?

Yánez Pelletier: Mira, el primer aldabonazo que yo recibo en mi conciencia se produce cuando los sucesos en que participa el comandante Pedro Luis Díaz Lanz. Él era jefe de la fuerza aérea de la revolución, había estado en la Sierra Maestra; les había llevado armas a los rebeldes, llevó a Hubert Matos a la Sierra Maestra, en fin, era un hombre revolucionario, de indudable valor.

Cuando Díaz Lanz se va en el mes de mayo, y pide asilo político en los Estados Unidos se empezaron a hablar cosas horribles de su persona, cosa que yo sabía que no se ajustaban a la verdad, porque él había luchado honradamente. Por entonces ya nadie recordaba que el avión en que Díaz Lanz había llevado armas a la Sierra, había sido comprado con el dinero producto de la venta de una casa que tenía su esposa Margarita, en La Habana. Se dijeron muchas mentiras contra él.

Margarita, su esposa, vino a verme para que le buscara un trabajo, ya que como él se había ido, ella no tenía de qué vivir. Hablé con Raúl Cepero Bonilla, que era Ministro de Comercio, para que le diera trabajo. Le argumenté, que ella tenia suficientes méritos revolucionarios y personales y que además, tenía tres niños pequeños. Cepero, que era una magnífica persona, le dio trabajo en su ministerio.

A los pocos días Margarita vino a verme y me dijo que tenía dos de los niños enfermos y que reclamaba mi ayuda porque no tenía dinero. Le dije que no se preocupara y le di todo el dinero que llevaba arriba, que eran como 30 ó 40 pesos y le dije que le iba a mandar un médico a su casa, que con él, de vuelta, me mandara las recetas para comprar las medicinas. Compré los medicamentos y se los mandé.

El día siguiente, que era viernes, lo recuerdo porque ese era el día en que se celebraba el Consejo de Ministros, le hablo a Fidel sobre la difícil situación, tanto económica como familiar de Margarita. Y Castro me respondió algo que nunca olvidé: "Muy bien, Yánez, has hecho muy bien, porque así cuando éste se ponga a hablar allá afuera de la Revolución, vamos a decirle que él se fue, abandonando a sus hijos sin preocuparse por la alimentación y el cuidado de ellos, y que la Revolución se los está manteniendo…"

Ese día, como dije, había Consejo de Ministros y alrededor de las 5 de la tarde fuimos para Palacio. Cuando entramos en el salón, Fidel se dirigió a Cepero Bonilla y le dijo: "Cepero, me enteré que tienes a la mujer de Díaz Lanz trabajando en tu Ministerio…" Cepero se puso rojo. Pensaba que Castro lo iba a recriminar, pero este, inmediatamente, continuó: "Fíjate lo que te voy a decir: procura que ni por equivocación esa mujer sea cesanteada. Manténla en su puesto porque así cuando Díaz Lanz diga algo le vamos a callar la boca diciéndole que…", y repitió lo mismo que me dijo a mí sobre Margarita y los muchachos. Esto le devolvió la tranquilidad a Cepero, pero me chocó mucho a mí.

Aguilar: Ese es uno de sus métodos, y su estilo por excelencia: utilizar a las personas para lograr sus objetivos. El costo para él no cuenta.

Yánez Pelletier: No hay duda que es así.

Después hubo varios incidentes. Como aquél en que una persona que él había designado en la Sierra Maestra para no sé qué cargo, le dijo horrores delante de mí. Ese día yo salí en una misión hacia los Estados Unidos. Y estuve en ese país 4 ó 5 días.

Cuando regresé me dirigí a Conchita Fernández, que entonces era la jefa de despacho de Castro y le dije que ya estaba de regreso, que necesitaba informarle a Fidel sobre los resultados de la misión. Ella me respondió que estaba en el despacho. Le pregunté: ¿Con quién? "Con el mismo personaje con quien tú lo dejaste…" ¡¿Desde que yo salí?! — "no, lo mandó a buscar ahora". Cuando entré lo veo con el brazo sobre el hombro de aquel pobre infeliz. Le estaba diciendo: "Ahora tú vas para allá y sólo me respondes a mí…"

En otra ocasión estaba en el despacho, insultando a otro personaje. El Che estaba acostado sobre la alfombra, con la cara cubierta con la boina, parecía dormido. Fidel en sus continuas idas y venidas cruzaba por sobre el cuerpo del Che, diciendo horrores. Después mandó a buscar a Colomé Ibarra (Furry) quien era el encargado de llevar presas a todas las personas que Castro mandaba a detener. Cuando se llevaron al hombre, el Che, que no estaba dormido, se destapó la cara y le dijo, acostado allí desde el suelo y Fidel de pies delante de él: "No tienes razón en nada de lo que has dicho…"

Fidel le preguntó: "¿Qué tú dices?" y el Che le respondió: "Que no tienes razón…"

Después el Che pasó a explicarle cómo había sido la situación en México y la Sierra, que eran los temas de los cuales Castro le hablaba al hombre. El Che le dijo: "Te han dicho las cosas equivocadas. Además tú piensas que todos los hombres tienen el mismo intelecto y les das cargos que son demasiado para ellos…"

No sé en que paró aquel asunto, pero la reacción del Che me llamó poderosamente la atención.

Después se dijo que Díaz Lanz había venido a bombardear La Habana y yo vi lo que pasó: había tirado proclamas. Bombardeó La Habana pero con papeles. Lo que sucedió en realidad fue, que las baterías anti-aéreas de la ciudad le dispararon al avión, pero como los artilleros no tenían experiencia en graduar las espoletas de las ametralladoras y los cañones para que explotaran a cierta altura, estas retrocedieron y explotaron en tierra por percusión e hirieron a mucha gente en La Habana.

Cuando llegamos al hospital de Emergencia, donde estaban la mayor cantidad de heridos, yo recogí una espoleta y me di cuenta que no estaban graduadas correctamente. Yo era militar de carrera y conocía bastante sobre armamentos.

Ese mismo día hablo con Fidel y le explico con detalles lo ocurrido. Que no había habido tal bombardeo…

Por la noche, cuando Fidel fue a la televisión, lo oigo hablarle al pueblo del "criminal bombardeo a La Habana", eso me resultó contradictorio. ¿Por qué decir una mentira si había una verdad inobjetable?

Aguilar: Típico de Castro desinformar y mentir. Hay muchas cosa que a mí, como a usted, me hace repudiar a Castro; una de ellas es, que cuando una persona ya no coincide con él o no se presta para una de sus turbias maniobras, por más méritos que tenga, Castro trata de desprestigiarla y de minimizar su papel en la historia.

Yánez Pelletier: Difamar al máximo, esa es la piedra angular del sistema comunista.

Después vino lo de Hubert Matos. Yo estuve presente en ese juicio, que fue celebrado en el mes de octubre de 1959. Además, quiero relatarte, más adelante, la última vez que vi al comandante Camilo Cienfuegos. En esa reunión, estuvimos presentes. Camilo, Fidel, Efigenio Almejeira y yo, aquí, en La Habana, a la una de la madrugada, en el hotel Habana Libre.

Aguilar: Sobre el juicio al comandante Hubert Matos se supo lo poco que dijo el régimen, por los órganos de información masiva; por su puesto, de forma tergiversada, manipulando la realidad de los hechos. Me gustaría saber: ¿Cuál es su valoración con relación a ese juicio que sin duda fue una gran canallada...?

Yánez Pelletier: Mira, el juicio de Hubert Matos le abrió a mucha gente los ojos; que hasta ese momento creía fielmente en el gobierno. Muchos empezaron a cuestionar ¿por qué? Si Hubert Matos lo que estaba haciendo era enunciar la infiltración comunista en el gobierno, si en verdad el gobierno no era comunista por qué tenía que ensañarse con él y sus seguidores.

Muchos de los que estaban muy cerca de Fidel, entre ellos yo, nos cuestionamos esa situación. Los hombres de su absoluta confianza tenían una gran confusión. Si esta revolución no es comunista y no tiene nada que ver con el comunismo: ¿por qué lo de Hubert? Después de eso vino la desaparición del comandante

Camilo Cienfuegos, que ocurrió cuando viajaba a Camagüey a esclarecer la situación de Hubert.

También te voy a relatar la forma en que Camilo se comportó, la noche antes de su desaparición. Yo jamás había visto a Camilo de esa forma. Él consideraba que estaba siendo utilizado para crear la imagen que se creó alrededor de la supuesta traición de Hubert Matos. El juicio que se le celebró al comandante Hubert Matos fue una farsa. Fue un juicio sin garantías procesales ningunas. Estaba atado de pies y manos y hasta amordazado, le impedían hablar. Fidel lo interrumpía constantemente.

Ese juicio terminó abriéndole los ojos a mucha gente que a partir de ese momento empezarían a ver hacia dónde se dirigía ese proceso. Se empezó a ver que la revolución transitaba por un mal camino. Camilo se perdió, no pudo aclararse la situación de Hubert. Si Camilo no se hubiera perdido, todo hubiera sido distinto. Camilo no hubiera permitido aquello. Hubiera desbaratado toda la conjura que había en contra de Hubert. El era un hombre honrado, incapaz de permitir una canallada como esa, y mucho menos a un compañero de grandes méritos reconocidos por todos, tanto en la Sierra como posteriormente.

Aguilar: En una de las muchas intervenciones que Castro hizo en el juicio a Hubert Matos dijo textualmente:

"...¿Cuándo me ha visto nadie a mí mentirle al pueblo?..."

En ese mismo juicio Fidel le dijo al pueblo: "...el argumento de todos los enemigos de nuestra Revolución, porque no tienen otra cosa que inventar y han inventado la acusación de comunista; no tienen otra cosa que decir, y han traído esa cosa vaga, han venido a remover ese miedo vago, que es el miedo al comunismo, la confusión del comunismo, acusando a una Revolución que no tienen el derecho de acusarla de comunista, por dos razones: una porque no es una Revolución comunista; en Rusia habrán hecho una revolución comunista, nosotros estamos haciendo nuestra Revolución y nuestra Revolución es una Revolución profunda y es una Revolución radical, pero es una Revolución que tiene sus características propias, es una Revolución que en su esencia, en sus métodos, en su estilo y en su idiosincrasia, es una Revolución distinta de las demás revoluciones que se han hecho en el mundo. No tienen derecho de acusar de comunista a la Revolución, primero porque no se le puede llamar, científica ni teóricamente una revolución comunista; segundo, porque es un acto contra los intereses de la patria…"

Yánez Pelletier: Las acusaciones que le hizo Castro a Hubert fueron tan bajas, tan insignificantes que ningún tribunal serio entraría a considerar, y mucho menos condenar a un hombre a 20 años de privación de libertad; porque no había motivos para eso. No había elementos ni para condenarlo a una semana de prisión.

¿Dónde estaba el delito? El delito ha sido siempre el mismo; estar en desacuerdo con la línea trazada por el "Dios". Que Hubert dijera que no continuaba al lado de la revolución porque ésta iba a ser comunista, esto no se podía aceptar y había que tratar por todos los medios posibles de aplastarlo. Castro ha creado tal destrucción, tanto moral como espiritual, que nunca antes este pueblo había sufrido tanto como ha sufrido en estos treinta y tantos años.

Aguilar: Es un crimen que el pueblo de Cuba no tenga la oportunidad de leer, en estos momentos, lo que se habló en el juicio al comandante Hubert Matos, recogidas por los taquígrafos Orlando Tamargo Mesa,

Isidro Pineda Méndez, Filiberto López Varga y Osvaldo Roche Rodríguez.

Hay un folleto que fue impreso en la entonces Cooperativa Obrera de Publicidad, que estaba en Virtudes 367, esquina a Manrique, en La Habana.

Ese folleto, que fue titulado, "*…Y la luz se hizo…*" recoge en detalles las vivencias del juicio contra el comandante Hubert Matos y un grupo de oficiales de su Estado Mayor. El opúsculo, después de publicado, fue recogido para que no trascendiera ya que es en ese juicio, precisamente, donde se empezó a definir la verdadera naturaleza del dictador cubano. "*…Y la luz se hizo…*" donde fue condenado el comandante Hubert Matos a 20 años de privación de libertad, tiene en su portada una careta, que es la estampa viva de lo que allí sucedió.

Hubert Matos, es un hombre con una gran visión de futuro, fue capaz de avizorar con extraordinaria prontitud el manto de dolor y luto que iba cayendo sobre nuestra querida tierra.

El juicio que se le hizo fue un bochorno, y al mismo tiempo un crimen. En él sólo prevaleció el criterio malintencionado de Castro y de hombres indignos que prestaron declaración en ese juicio.

Yánez Pelletier: Hubert es un hombre inteligente, muy bien preparado. Se dio cuenta rápidamente de lo que estaba pasando. No solo en Camagüey sino en todo el país. El juicio contra Hubert Matos fue la monstruosidad más grande que yo he visto, fue una maniobra preparada por Fidel.

A raíz del juicio hubo un gran incidente en el Consejo de Ministros, no sé si Hubert lo sabe. El viernes siguiente después de su detención, que era el día en que se reunía el Consejo, éste se dividió en dos grupos. Uno estaba con Fidel, y el otro apoyaba a Hubert. No estaban de acuerdo que lo tildaran de traidor.

Ese día cuando llegamos al teatro donde se celebró el juicio, que fue en Cuidad Libertad, la muchedumbre de soldados que allí estaban empezaron a gritar "Fidel, Hubert no es traidor" — "Hubert no es traidor", Y salieron para arriba de Fidel. Se lo querían comer. Tal así fue que tuvo que abrirse paso con la ametralladora de Pupo, que era uno de su escolta.

Dentro del salón hubo una gran discusión entre los ministros, los que eran comunistas y los que no. El enfrentamiento fue grande. Una parte no quería que le hicieran juicio a Hubert Matos y la otra apoyaba a Fidel. Se cerró la puerta del teatro para que no saliera ni entrara nadie. Hubo palabras gruesas de una parte y de otra. Castro dejó eso así y se dio por terminada la reunión.

Pocos días después empezó a sustituir a todo el que estuvo en contra de él.

El juicio fue una mascarada. A mí siempre me ha sorprendido que Fidel, que es abogado, haya permitido tantas violaciones en los tribunales.

Ahora mismo se están haciendo horrores, pero siempre que esas violaciones sean con el objetivo de mantenerse en el poder, son permitidas. Sin duda, Hubert era uno de los comandantes más serios y con más prestigio. Los demás eran muy opacos. Hubert tenía el prestigio de su nombre, de su preparación y de haber sitiado la ciudad de Santiago de Cuba. Eso le dio mucho prestigio.

*

Aguilar: ¿Cuándo fue la última vez que usted vio al comandante Camilo?

Yánez Pelletier: En el hotel Habana Libre. Era pasada la 1 de la madrugada del día 28 de octubre. Camilo Cienfuegos llegó a la suite que teníamos en el piso 19 ó 21 (ibamos cambiando por razones de seguridad, pero era uno de esos dos). Camilo llegó con Efigenio Ameijeiras. Venían con una indignación tremenda.

Estábamos en la habitación Camilo, Fidel, Efigenio y yo. Fidel quería hacer una llamada por teléfono. Nosotros teníamos un teléfono privado en la habitación. Nos sentamos en el borde de las dos camas. En un lado me senté yo, cerca del teléfono, para establecer la comunicación. Fidel se sentó frente a mí y a su lado se sentó Efigenio. Al lado mío se sentó Camilo.

Camilo llegó con una indignación increíble. Era extraño ver a Camilo indignado pero esa noche venía muy molesto y le dijo a Fidel: "Mañana me voy para Camagüey", y uniendo la palabra a la acción se quitó el sombrero tejano que él usaba y lo lanzó violentamente contra los pies de Fidel que estaba frente a él y cuando hizo eso le dijo. "Fijate lo que te voy a decir: si lo que yo me imagino es verdad, así como te tiré ese sombrero te voy a tirar aquí, amarrados de la cola de caballo de uno, con la barbita del otro, a esos dos tipos de Camagüey".

Se estaba refiriendo en ese momento a Orestes Varela y a Jorge Enrique Mendoza. "Te los voy a tirar aquí, a los dos, porque con mi nombre nadie puede jugar ni se pueden hacer canalladas".

Si Fidel o Efigenio llegaran a ver algún un día este libro seguramente van a recordar que el hecho fue así, como lo estoy relatando. Porque las cosas de la historia no se inventan, hay que contarlas como fueron , como pasaron, no hay que inventar porque la historia no se inventa. Se hace o no se hace.

Recogí el sombrero, y me quedé jugando con él un rato. Después se lo di a Camilo que se había puesto de pies, se paseaba de un lado a otro de la habitación, muy indignado.

Fidel le preguntó: "¿A qué hora tú sales para Camagüey?" "Bien temprano", fue la respuesta de Camilo. Miramos el reloj y le hicimos notar que ya eran casi las 2 de la madrugada. Pero él mantuvo su criterio respondiendo: "No, no voy a dormir nada, voy a Columbia y de allí me voy en la avioneta para Camagüey…" "Haz lo que tú creas conveniente", fue la respuesta de Fidel.

Fidel, y yo, acompañamos a Camilo y a Efigenio hasta la puerta de la habitación. Cuando llegamos allí, Efigenio que tenía muy buen carácter en esa época, comenzó a bromear con Camilo, tratando de calmar la furia de éste. Cuando salieron de la habitación, uno le tiró el brazo por encima al otro y empezaron a saltar a todo lo largo del pasillo, cruzando los pies como lo hacen los niños.

Fidel y yo nos quedamos parados en la puerta de la habitación viendo como se alejaban, hasta que se perdieron de vista. En ese momento Fidel dijo: "Son dos muchachos pero qué valientes…"

Entramos de nuevo en la habitación, y sentimos cómo el sonido del elevador se iba haciendo cada vez más imperceptible.

A las pocas horas siguientes del día 28 de octubre, se suponía que Camilo iba salir para Camagüey, a las 6 de la mañana, tan pronto se hiciera de día, y creo que fue así. Así mismo lo hizo … Pero bueno…

Aguilar: ¿A qué se refería Camilo cuando nombró a Orestes Varela y Jorge Enrique Mendoza?

Yánez Pelletier: Hacía referencia a que estos dos señores eran los responsables de la Reforma Agraria en Camagüey y debido a sus intrigas se creó el conflicto de Hubert Matos en el gobierno.

Camilo viajaba a esa provincia para investigar lo sucedido. Ya él había hablado con Hubert, en La Habana, y estaba seguro que la acusación de traición que se hacía por parte del gobierno no tenía fundamento. Además de esa conversación dedujo que los canallas eran esos dos "señores…" de Camagüey y por eso le dijo aquellas palabras a Fidel.

La razón, sin duda, estaba de parte de Hubert Matos. A Camilo lo designaron para ir a Camagüey, porque era la única persona que tenía condiciones y moral para detener a Hubert Matos y traerlo para La Habana. Fidel sabía esto muy bien.

Ese día nosotros tuvimos mucha actividad. Fuimos al campamento militar de Managua porque allí estaban probando las armas que había traído el avión de Santo Domingo, que aterrizó en El Escambray, cerca de Trinidad. Fueron días muy tensos. Sucedieron muchos acontecimientos.

En aquellos días fueron detenidos Martín Pérez, Luis del Pozo y el resto del grupo que vino de Cuidad Trujillo. Fue lo que se ha dado en llamar los sucesos de Trinidad. Un avión que vino con la intención de provocar un levantamiento en las montañas de El Escambray. De eso debe acordarse muy bien Eloy Gutiérrez Menoyo porque fue uno de los que participaron.

El día 29, por el mediodía, estábamos en el Instituto Nacional de Reforma Agraria (INRA) y alguien llamó preguntando por Camilo. Se le respondió que Camilo estaba por Camagüey y la persona que nos llamó nos dijo que Camilo había salido desde Camagüey para La Habana el día anterior y no había llegado aún a la capital. Esta noticia nos alarmó.

En ese momento íbamos en el carro, en dirección a la tienda El Encanto. Fidel les había prometido a las muchachas que trabajaban allí que las iba a visitar en su centro de trabajo.

Llamamos a Palacio y nos confirmaron la noticia. Cuando salimos de allí había una gran cantidad de muchedumbre rodeando los autos, no hubo manera de poder montarse en ellos, por más que los choferes hicieron lo posible.

La esquina de Galiano y San Rafael en ese tiempo era conocida como "La esquina del Pecado" por la gran cantidad de comercios y personas. En esos días Fidel era un verdadero líder popular, y con su carisma más popular todavía.

Fidel decidió abordar un ómnibus de la ruta 27, que por esos días pasaba por la calle Galiano. Cuando montamos, Fidel le dijo al chofer: "Bueno dale a ver si tú me puedes dejar en Palacio"

Cuando llegamos a Palacio nos dijeron que la avioneta donde viajaban Camilo, Fariña (su ayudante) y el piloto estaba perdida. Preparamos inmediatamente la búsqueda y el día 30, al amanecer, ya yo estaba en la zona de operaciones de la búsqueda de Camilo, en un helicóptero que piloteaba el teniente Michael.

Fidel utilizó el avión Sierra Maestra, que era la nave ejecutiva que usaba en esa época. Se puso el puesto de mando en la isla Turiguanó, al norte de Camagüey. Con un mapa militar hice las cuadrículas del área y empezamos a revisar la zona, cuadrícula por cuadrícula, una por una. Así se buscó a Camilo pero no se encontró ni la más ligera huella de él, ni de su avioneta, que era un Cessna 210 que es muy flotable. Ni los alerones ni las alas; ni restos de aceite, ni muchas cosas más que debían quedar flotando si se hubiera estrellado. Repito: pero nada de eso se encontró, absolutamente nada.

Una cosa curiosa es que yo encontré en esa búsqueda restos de accidentes de aviones en otros lugares. Porque las aguas en esa parte de la costa norte son muy bajas, muy limpias y muy claras. Se estuvo buscando a Camilo desde el 30 de octubre hasta el 9 de noviembre. Y no apareció nada. Nada apareció de él.

La búsqueda la suspendí yo el día 9 de noviembre. Pero antes de salir para La Habana le dije al piloto: "Vamos a revisar la costa sur…" Cuando le di esa orden yo estaba pensando que tal vez Camilo, advertido de una turbonada, buscara La Habana por el sur. Llegamos a la Ciénaga, revisamos esa zona pero no apareció nada.

Aguilar: Yo era pequeño pero recuerdo perfectamente que se dio la noticia por la radio de que había aparecido Camilo.

Yánez Pelletier: Días después se dio esa noticia que conmocionó a Cuba. Esto dio lugar a una de las expresiones de júbilo popular más grande que he visto en mi vida. Creo que nunca veré otra igual. Porque el comandante Camilo era un ídolo del pueblo.

La noticia decía que lo había encontrado un barco y que un helicóptero había salido para recogerlo y traerlo para Ciudad Libertad. Allí estaban los padres de Camilo, Fidel, y muchos de sus amigos. Estuvimos en ese lugar hasta que llegó Almeida en el helicóptero. El había ido al barco en cuestión pero allí no estaba Camilo.

Aguilar: Camilo era un hombre que brillaba mucho, quizás su brillo lo condenó.

Yánez Pelletier: Sí, su brillo era indiscutible. Hay muchas anécdotas que yo atesoro de Camilo. Un día estábamos Fidel y yo de visita en la casa de Alfonso Gutiérrez y Orquídea Pino. Él era mexicano y ella cubana. Alfonso ayudó mucho a Fidel cuando éste estuvo en México. Orquídea era hermana del comandante de la Marina de Guerra, que trajo el yate Granma a Cuba. Habíamos ido a conocer a la ahijada de Fidel, una niñita que era hija de este matrimonio. Fidel la bautizó por la madrugada, en el hotel Sierra Maestra.

Del Sierra Maestra fuimos para la casa de Adolfo y Orquídea en el reparto Cubanacán. Cuando nos disponíamos a irnos nos paramos en el jardín de la casa para despedirnos de la familia, e inmediatamente aquello se llenó de personas que vivían en la zona.

En eso llegó Camilo, en un convertible azul, de la marca Oldsmobile y lo parqueó en la acera del frente.

Nos quedamos solos en el jardín Fidel, Orquídea, Alfonso y yo, todo el mundo se fue al encuentro de Camilo, coreando, "Camilo, Camilo, Camilo…"

Camilo, como se dice comúnmente, "tenía ángel", le gustaban los niños, era muy sonriente. Cargó a uno de los niños y rodeado de toda esa gente vino caminando hacia nosotros. Fidel se le quedo mirando y le dijo, medio en serio y medio en broma: "Ya sé lo que voy a hacer cuando vaya a los lugares: te mando a buscar para que la gente se vaya detrás de ti y me deje conversar…"

*

Aguilar: Dentro de las funciones que usted desempeñó en el gobierno: ¿Siempre estuvo como ayudante personal de Castro?

Yánez Pelletier: Ese fue el único cargo que tuve en el gobierno de Castro.

Aguilar: ¿Cuáles fueron los problemas que lo llevaron a la prisión?

Yánez Pelletier: A mí me cuesta trabajo hablar de este problema porque lo que me lleva a la prisión, como te dije anteriormente, fue hablar en voz alta; y la envidia, que es lo que más daño le ha hecho a este país desde que es república. Había muchas gentes a las que les molestaba que yo fuera capitán ayudante de Fidel. Y eso no se podía evitar.

A mí una vez un viejo me dijo una cosa, que es muy cierta: "Siempre te van a envidiar, si eres esbelto te van a envidiar porque eres esbelto, si eres gordo porque eres gordo, si el uniforme te queda bien y a él no, si tú tienes dientes y él no... Pero no hagas caso, sigue por el camino de la vida y no te preocupes de los sentimientos bajos. Haz el bien sin preocuparte por lo demás..."

Esto es lo que he hecho siempre. Por eso el día que yo me vaya es muy difícil que alguien pueda decirles a mis hijos que su padre fue un canalla. Nadie podrá señalarme nunca. Aprendí con mi padre a hacerle bien a todo el mundo. Él decía que si no podías hacerle bien a una persona, por lo menos no le hicieras mal. Siempre trato de ayudar a todo el mundo. Para todos tengo siempre una frase de aliento.

*

Aguilar: La actitud mantenida en el transcurso de su vida, tal como su honor como militar, sin duda fue una carta de triunfo, en su vida. Incluyendo los 11 años que permaneció en las cárceles Castristas. ¿Usted se iba a referir a esto?

Yánez Pelletier: Cuando llegué a la prisión de Isla de Pinos, recibí una gran solidaridad, tanto de los presos políticos como de los comunes. No sé por qué medios, en las prisiones, las noticias circulan más rápido que en la calle. Cuando llegué allí ya los prisioneros sabían quién era yo.

El día que me llevaron a hacerme la ficha, uno de los presos comunes, que trabajaba en el fichado, se me acercó y me dijo: "¿Usted es Pelletier?" Respondí afirmativamente. "A usted lo queremos mucho aquí porque se portó muy bien con los presos de la prisión de Boniato" Le dije: Yo actué como tenía que hacerlo. Impedí que los maltrataran, que les robaran la comida…

Me preguntó que en qué celda yo estaba, y cuando le expliqué me dijo: "Tire un cordelito para la celda que está debajo de la suya y por la mañana saque la pesca que siempre va a tener algo…"

En todo el tiempo que estuve en la prisión de Isla, de Pinos, un día pescaba un periódico, otro día un tabaco, una caja de cigarros, etcétera... El único que sabía de esto era Jorge Soto: él me buscó el cordel. Este sistema nos sirvió de mucho porque en ese tiempo no nos permitían leer. ¿Tú concibes un presidio político donde les impidan a los presos leer? Esto era así. Se castigaba severamente la lectura y también cuando en las requisas te encontraban una hojita de Selecciones o un pedazo de revista que alguien había logrado salvar.

Fue en el año 1963, que autorizaron la entrada de algunas revistas socialistas del mundo occidental. Más adelante permitieron algunos libros. Entre ellos, había uno que me interesó mucho. Se llamaba los Centuriones, estaba en francés. Este libro me lo prestó Raúl Pérez Colomá. Yo no sabía francés pero aprendí con un antiguo amigo de Castro, Mario Ribadulla.

Las cárceles estaban llenas de ex-amigos de Fidel, la mayoría estábamos presos gracias a él, entre ellos Ribadulla, Ernesto la Fe, Mario Chanes de Armas, Orlando Castro, el Flaco Linares y yo. Éramos un grupo tan grande que no recuerdo sus nombres. Si alguien hubiera tocado una corneta llamando a filas a todos los ex-amigos de Fidel, seguramente se hubiera llenado cualquier circular de aquella prisión y hubiera sobrado gente. ¡Este sí que no ha creído en nadie! ¡Metió preso a todo el mundo!

Los presos comunes me ayudaron mucho. Hasta que los empezaron a trasladar y perdí la línea con el exterior. Siempre quedaron algunos contactos pero ya no era lo mismo. No obstante, continuaron ayudándome con la correspondencia. Me traían fotografías de mi hija, que en aquel entonces tenia 18 meses. En realidad me ayudaron mucho.

Aguilar: Todos sabemos que fue una canallada lo que le hicieron. Que el delito mayor que usted cometió fue pensar en voz alta. Y eso es terriblemente castigado "en la Cuba de Castro". ¿De qué se le acusó?

Yánez Pelletier: Mira, yo no tenía acusación ninguna. Porque no tenían de qué acusarme. Yo no había cometido ningún delito. Al cabo de los años pudieron decir que fui conspirador, pero yo no hice ningún tipo de conspiración en contra de Fidel. Sencillamente no estuve de acuerdo con el juicio que se le hizo a Hubert Matos y lo manifesté en voz alta. Estuve en desacuerdo con lo que se dijo sobre Díaz Lanz. No estuve de acuerdo con la llegada a La Habana de la Exposición Soviética y lo dije en voz alta, también. Y esos oídos que escucharon lo que yo dije se encargaron de comunicarle todo a Fidel.

En relación con la Exposición Soviética yo pensaba: ¿Qué tienen que traernos los soviéticos a enseñarnos a nosotros que tuvimos la televisión antes que ellos, que fuimos el primer país de América Latina en tener la televisión a colores, que tuvimos el teléfono después de Estados Unidos y Canadá?

Lo único que nos enseñaron fue el hambre la miseria y Fidel asumió esto por gusto. Él no tenía nada que ir a buscar a la Unión Soviética, que estaba más atrasada que nosotros en muchos aspectos. Sabían un poco de los asuntos nucleares, de la guerra y de poner hombres en el espacio.

Los primeros automóviles que salían del mercado donde primero rodaban era en La Habana. Mucho más se demoraba un automóvil en llegar a México o Argentina.

Cuba siempre vivió así, a la vanguardia de todos los países de América Latina. Había países mucho más ricos que nosotros por sus recursos pero ni en cultura ni en adelantos estaban a la altura de nuestro país.

Aguilar: ¿Cuánto le pidieron de codena?

Yánez Pelletier: Me pidieron 30 años. Todo me lo hizo saber Carlos Prío. Él tuvo la gentileza de ponerme al corriente de las barbaridades que estaba haciendo la pandilla de Quinta y 14, en Miramar, donde estaba entonces el cuartel general de la Seguridad del Estado. Álvarez Lombardía, Ramiro Valdés y otros. El difunto Olo Pantoja fue quien me ayudó a escapar. Hoy puedo decirlo. Él esta muerto y nadie le puede pedir cuentas. Me dijo: "Vete, que te están preparando una trampa, una infamia…" Preparé cuidadosamente la fuga.

Aguilar: ¿Logró irse?

Yánez Pelletier: Escapé. Traté de irme pero tuve la mala suerte de que me capturaron acabado de escapar. Un guardia que me cuidaba noche y día, de noche, sobre todo, se levantaba para hablar con el otro guardia. Yo aproveché un momento de descuido pero el regresó a pedirme un cigarro y no me vio en la celda. Tiró dos tiros al aire y gritó que el preso se había escapado. No sabía ni cómo yo me llamaba. Rodearon la manzana y no pude salir del área. Por eso fue que me capturaron y me llevaron de nuevo para Quinta y 14. Allí estaban Ramiro, Colomé Ibarra, Abrantes, Manolo Piñeiro y Efigenio que vino a verme.

Me empezaron a hacer preguntas de cómo yo había logrado escapar. Lo menos que podían imaginarse que me había ayudado Olo Pantoja, hoy mártir de la revolución. Manolo Piñeiro me dijo una cosa muy simpática. Me preguntó, que con qué había cortado la cadena que cerraba la reja. Le dije: "Que parecía mentira que él fuera tan…" y le agregué: "la corté con los dientes. No ves que tengo una excelente dentadura…" Se sabía que había sido cortada con una segueta. Ramiro que estaba sentado me dijo: "Bueno, ahora te enfrentarás con Fidel…" "Me enfrento con Fidel y con cualquiera". Para eso he tratado de irme.

Aguilar: ¿Castro fue a verlo a usted?

Yánez Pelletier: Sí, vino. Se encerró conmigo en un cuarto. Prepararon una trampa para que yo me le tirara a una pistola que había encima de una cama… Sin duda fue una bajeza más. Yo me di cuenta. Me dijeron 2 ó 3 veces. "Tú, en vez de traicionar a la revolución, deberías matarte". Tal vez pensaron que iba a coger la pistola para dispararme un tiro.

En las esquinas del cuarto se pararon Abrantes, Piñeiro y Colomé Ibarra. Cada vez que yo me movía para un lugar, ellos me seguían con la vista. Yo caminaba por todo el cuarto y Fidel también lo hacía. Castro me insultaba y me decía: "¿A qué lugar ibas a ir?..." "¿A dónde te ibas a meter?..." "¿Cuál embajada te está ayudando?..." En fin, todas esas cosas que en realidad no existían.

Le respondí: "Yo iba a verte a ti, para que me aclararas el por qué estoy aquí". Me respondió: "Yo te estaba cogiendo lástima". Le dije: "Lástima de qué..."

Quizás eso me condenó porque me le enfrenté, en vez de achicármele. Lo encaré como lo merecía. Y no digo esto como una cosa de valentía personal ni nada por el estilo. Fue así.

Después, andando los años, yo me puse a pensar cuando estaba en la prisión, si aquel día yo hubiera plegado mi bandera no hubiera estado preso. Me hubiera ido de este país, estaría en otro mundo y no hubiera sufrido esto. Pero mi dignidad valía más que cualquier cosa. Y me mantuve firme, le contesté con su misma violencia.

Le dije en un momento determinado. "Bueno, ya tú hablaste, ahora déjame hablar a mí..." Y cuando le dije que me dejara hablar, como él siempre monologa, no sabe dialogar, mandó a que me sacaran de allí. Abrantes me echó el brazo por arriba y me dijo: "Ven,

Yánez, tú sabes como él se pone... Déjalo, vamos a esperar a que se tranquilice y después hablamos nuevamente con él". Años después, mira cómo murió Abrantes. Él tuvo que acordarse de mí cuando estaba en prisión. A mi expediente le pusieron por fuera "*Asunto de Fidel*".

Aguilar: Al principio de la revolución la gente no conocía la verdadera naturaleza de Castro. Y lo que se proponía realmente, y sin duda logró, fue engañar por muchos años a gran parte de este pueblo...

Yánez Pelletier: Las personas no veían eso con claridad. A muy pocos vi enfrentar a Fidel y discutirle. Entre las pocas que vi hay una que siempre recuerdo que fue Camilo. Con el desenfado que lo caracterizaba le decía: "Tú estás equivocado. Eso no puede ser así". Tenía moral para hacerlo. El otro fue el Che. Eso no lo hacía nadie más. Si Fidel decía que todos se pusieran de espaldas, todo el mundo lo hacía. Cualquier barrabasada que a él se le ocurriera, la gente no se la discutía. Además, le tenían pánico...

Lo peor que le puede pasar a un gobernante es que le tengan miedo. Todo esto que está pasando en el país es consecuencia del terror que le tienen a Fidel. El miedo que le tiene la gente que lo rodea.

Es lo que yo le dije en una carta abierta, que le envié hace años: "El miedo a perder lo ganado los hace decir que sí aun cuando sepan que se trata de una estupidez…"

Camilo y el Che no le debían sus méritos a Fidel, se los habían ganado con su valentía, con su disposición en la guerra. No tenían miedo. Habían venido en la invasión. Ellos habían hecho más que Fidel.

Fidel estaba metido en una loma de la Sierra Maestra y había que ir a buscarlo. Y ellos salían a enfrentarse a las tropas de Batista. Tenían sus méritos propios. Había una serie de capitanes, y de ministros que no pelearon y le decían siempre que sí a Fidel, aunque supieran que se estaba cometiendo la mayor de las estupideces. Lo veían metiendo la pata y se quedaban callados.

Aguilar: Es por eso que este país se ha hundido.

Yánez Pelletier: Y se sigue hundiendo. ¿En qué lugar del mundo tú has visto que los acuerdos de las asambleas y las "grandes reuniones" se determinan siempre por votación unánimes? Eso es inconcebible. Incluso los que se oponen en las discusiones de un proyecto cualquiera, a la hora de votar lo hacen junto a la mayoría para no desentonar ni señalarse. Porque en este sistema comunista es así. La votación tiene que ser cerrada para comprometer a todo el mundo. ¿No viste cuando fusilaron al general Arnaldo Ochoa? Había gente que no estaba de acuerdo con que lo mataran y sin embargo a la hora de votar, votaron que sí; y sabían que estaban cometiendo un crimen.

Mujeres que votaron por la muerte de un hombre, aun tratándose de un caso político. La mujer que nació para dar vida, esas mujeres no merecen ser madres. Cuando la Segunda Guerra Mundial, fue necesario ajusticiar a los criminales de guerra, había que hacerlo; pero aun así yo estoy opuesto a la pena de muerte

En Cuba, se ha creado la doble moral. Hasta los jóvenes la tienen… Una moral para la casa, una para la escuela, otra frente a sus enemigos. Es un gran carnaval, es una careta que se ponen de acuerdo con el lugar donde van a actuar. Por eso este país está como está. La mayor parte de la juventud esta corrompida, desmoralizada.

Aguilar: Es lo que han visto en estos casi 40 años de ideología comunista. ¿No le parece?

Yánez Pelletier: Es lo que les han enseñado. Ese es el hombre nuevo del que habla Fidel.

Aguilar: Cuántas cosas ha dicho Fidel en sus discursos y después todo ha sido mentira. Por eso es que se ha derrumbado el "ídolo…"

Yánez Pelletier: La juventud no cree en líderes. Hay que ver en las escuelas los chistes que hacen los muchachos alrededor de la figura de Fidel. Estos chistes nadie se los enseña, ellos los crean. Tanto sobre la figura de Castro como la de los demás dirigentes. No le tienen respeto porque se dan cuenta, por ejemplo, que Roberto Robaina es un pelele y es el Canciller de la República. Imagínate, Alarcón es presidente de la Asamblea Nacional del Poder Popular y es el que sale a negociar con los Estados Unidos sobre emigración.

Este señor Robaina sale al exterior vistiéndose de mono, de payaso, cosa que ningún canciller que se respete se vestiría así. Lo critican ahora porque se ha dejado una melena larga, como el presidente de la Unión de Escritores y Artistas de Cuba (UNEAC). Aquí hay más de una generación perdida y nadie sabe lo que va a pasar en este país. El cambio tiene que ocurrir en un momento dado, más tarde o más temprano y para ese día hay que estar preparado porque hay un gran número de jóvenes a los que hay que dar una atención especial y tendrán que ser reeducados para que puedan reintegrarse a la sociedad.

Aguilar: Sin duda: Castro le ha hecho mucho daño a este pueblo y continúa haciéndoselo. Deseo citar un párrafo de una carta que le mandó Fidel al comandante Hubert Matos, cuando aún se encontraban en la Sierra Maestra, con fecha 30 de agosto de 1958. En ese párrafo se ve muy claro cómo se empezaba a proyectar el cinismo de ese hombre.

Fidel le escribía así a Hubert: *"Soy hombre poco dado al teatralismo…" "…Cuando personalmente sea un estorbo a esta causa y así lo entiendan los que hoy me obedecen, me apartaré sin vacilación porque veo en esto mucha más honestidad y honra que en andar mandando a otros y asumir jefaturas que para mí no constituyen un placer sino un amargo deber…"*

Yánez Pelletier: Eso es una vergüenza. Fidel le ha hecho tanto daño a este país que pasará a la historia como el peor de los gobernantes que hemos tenido. La historia ya lo está condenando porque ya lo está obligando a bajar la cerviz. Muchas veces ha tenido ya que bajar la cabeza frente a hechos que están ocurriendo en el país y frente a hechos que ha tenido que enfrentar en el exterior. No es posible vivir en la forma que vive él y la corte que lo mantiene en el poder; los demás no cuentan para nada porque él no cuenta con nadie para nada.

Aguilar: ¿Cómo usted evalúa, desde el principio, la lucha contra Castro?

Yánez Pelletier: Este es un tipo de confrontación que consta de muchas etapas. En los años 60 la batalla contra el sistema fue de múltiples conspiraciones clandestinas, más difíciles que ahora porque el mito de la revolución cubana estaba intacto y Fidel gozaba, es cierto, de un apoyo mayoritario de la población cubana. De modo que le era más fácil confundir, tergiversar, presentar a los luchadores contra su régimen como cabecillas desalmados e inescrupulosos al servicio de una potencia extranjera.

Después llegó la época de la lucha más frontal y abierta que tuvo su máxima expresión en la cordillera del Escambray que contó con el apoyo del gobierno de los Estados Unidos. Luego se creó otro tipo de lucha que fue la guerra de guerrillas en la que se pensaba derrocar a Fidel con el mismo método que él había empleado para sacar del poder a Batista. Se crearon, entonces, focos guerrilleros en Pinar del Río, en la misma Habana, Matanzas, Las Villas, en casi todas las zonas de Cuba. Pero Castro, por cada hombre sobre las armas que se le enfrentaban movilizaba a 100 soldados, cortaba todas las vías de suministro, mandaba poblaciones completas, en fin, arrasó en los puntos que eran escenarios de esas manifestaciones armadas.

A los campesinos del Escambray se los llevaron de allí, a la fuerza, y amontonados en lugares que fueron verdaderos campos de concentración, como los poblados Briones Montoto y Sandino, en la provincia de Pinar del Río. Las familias trasladadas a esos puntos no podían salir de aquellos apartados parajes, bajo ningún concepto. Y si lo intentaban corrían el peligro de la prisión inmediata o el paredón de fusilamiento.

Fidel nunca ha creído en nada. Su falta de escrúpulos se lo permite todo. Cuando se produjo la invasión de Playa Girón tuvo la increible suerte de que el gobierno de los Estados Unidos dejara a la buena de Dios a aquellos compatriotas, sin materializar el apoyo aéreo que había prometido. Nunca habrá suficiente papel para responsabilizar al gobierno de Kennedy en aquellos dramáticos sucesos. Porque Girón no fue una victoria de Castro, sino una entrega del Presidente de los Estados Unidos.

*

Ahora estamos en una tercera etapa que surge como consecuencia de la visión de Ricardo Bofill y de otros compañeros más que se encontraban por esos años en las cárceles castristas y deciden cambiar la estrategia de la lucha, y así comenzar a combatir al régimen mediante las armas de la paz. Nada de violencia, nada de terrorismo. Solamente la lucha por los derechos civiles.

Aguilar: Por supuesto, una lucha para la que no están preparados, sólo están preparados para la violencia…

Yánez Pelletier: Exactamente. Ellos estaban preparados para lo que te explicaba anteriormente. Si se alzaban 10 hombres, él movilizaba 1,000 soldados, para capturarlos y después fusilar a la mayoría, sin contemplación alguna, que equivale a decir, en juicios preparados de antemano. Pero él no puede fusilar a un hombre que nunca ha disparado un arma, a un individuo que jamás ha puesto una bomba, que nunca ha empleado la violencia en su lucha. Porque estamos combatiendo por la paz, por tener un rayo de sol en nuestra tierra, por el derecho que tiene todo ser humano a actuar y expresarse en su país con entera libertad.

Esa fue la lucha que se emprendió y la bandera que se enarboló: la carta de las Naciones Unidas, con los 30 artículos de la Declaración Universal de los Derechos Humanos, de la que Cuba también es firmante, de modo que el gobierno no puede decir que no tiene nada que ver con esta carta. Repito: Fidel no está preparado para este tipo de combate no violento. Aún así hemos sido agredidos; todas esas barbaridades que comete la policía con la anuencia, el estímulo y la gratitud del partido gobernante y sus más altos dirigentes.

Fíjate si no tienen respuesta para encarar nuestra acción que el señor Ministro de Justicia no se ha dignado jamás a contestar ninguna de las misivas que le enviamos solicitándole el reconocimiento oficial para el Comité Cubano Pro-Derechos Humanos.

En virtud de nuestra labor el gobierno cada día pierde más terreno; el miedo, que antes estaba a nuestro lado, ya no está. Ahora se han invertido los papeles y el miedo lo tienen ellos. Después que vieron la gran explosión popular del 5 de agosto de 1994, en el malecón habanero, por nada, porque no había pasado nada en particular, han comenzado a sentir terror. Aquello fue una manifestación espontánea, sin que ninguna agrupación opositora la dirigiera.

Fidel se apareció en el escenario de los acontecimientos después que habían mandado a miles de hombres de tropas especiales a dispersar brutalmente a la multitud.

Aguilar: Su llegada allí recuerda la "famosa foto" de él, en los arenales de Girón...

Yánez Pelletier: Sí. Parecido. Bajándose de un tanque después que todo había acabado. Tirándole cañonazos a un buque vacío para hundirlo... Su presencia en el malecón fue lo mismo, se apareció en un vehículo todo terreno, rodeado de cientos de soldados, haciéndose, como siempre el héroe...

Pero vuelto a este tipo de lucha que estamos desarrollando. La vamos a continuar y lo vamos a derrotar porque ya sus días están contados. Son muchos años ejerciendo el poder y, lentamente, se ha ido deteriorando...

Aguilar: Hay muchos grupos de cubanos que defienden los Derechos Humanos, pero se advierte que no hay la suficiente unión entre ellos...

Yánez Pelletier: Eso a mí no me preocupa. Los preocupados deben ser los que están en el poder, porque todos los días surge una agrupación nueva. Si se reúnen 15 ó 20 forma una fuerza y le ponen "Grupo Z" y después sale otro y le ponen "Grupo Y", perfecto, porque de lo que se trata es de salir de Castro y de su régimen. Porque él nunca va a ceder, ni un ápice.

Nosotros le pedimos un diálogo hace 2 ó 3 años, y los cubanos del exilio nos quisieron hacer trizas. Nosotros sabemos que con Fidel nunca va a haber posibilidad de conversar. Lo único que él acepta es el monólogo, su monólogo. Hicimos eso para que el mundo se diera cuenta de que no éramos revanchistas, que estábamos por la civilidad, para demostrar que no éramos nosotros los cavernícolas. Porque todos tenemos derecho a participar en el futuro de Cuba.

Aguilar: Castro lleva casi 40 años repitiendo que tiene el apoyo de todo el pueblo...

Yánez Pelletier: No, hombre, no. ¡Qué apoyo va a tener! Si acaso un 10 ó un 15% que son las fuerzas armadas, el ministerio del interior, y esas brigadas de acción rápida creadas por él para reprimir posibles manifestaciones populares, y para de contar. Si los cubanos que estaban en las calles de La Habana el 5 de agosto de 1994, no se hubieran marchado de este país, ya Castro no existiría, no habría podido aguantar ese empuje. No hay brigada policial o paramilitar por más represiva que sea, que pueda detener a un pueblo entero. Yo estoy seguro que los militares jamás le van a tirar a la población. El día que Fidel saque los tanques a la calle, será su día final, te lo aseguro.

Aguilar: ¿Cuándo se inicia como luchador por la defensa de los derechos humanos en Cuba? ¿Esta lucha comenzó cuando usted estaba en prisión o después?

Yánez Pelletier: No, mi lucha en defensa de los derechos humanos viene de antes; esta mañana me lo recordaba un compañero de lucha que está en Miami ahora: Ricardo Bofill, él me decía por teléfono que yo había empezado esta lucha defendiendo la vida del dirigente cubano que está ahora en el poder. Y le dije: "Mira, Bofill, no me pesa haberlo hecho porque en ese momento él era un individuo indefenso, a merced de unos soldados indignados por lo que había ocurrido en el ataque al Cuartel Moncada". Los militares vieron ese acto como una ofensa a su dignidad. A ningún soldado le gusta que lo sorprendan.

Los soldados que allí murieron no fueron asesinados por los asaltantes, sino que murieron en combate. Algunas bajas se produjeron cuando Rico colocó la ametralladora en el centro del polígono y abrió fuego contra las barracas producto de la propia exaltación.

Transcurrido un tiempo de aquel suceso, Carlos Saladrigas quiso llevarme a que yo conferenciara con Batista para que le contara la verdad de lo que había pasado. Le dije que no tenía sentido ir en ese momento.

Yo hubiera ido a ver a Batista vestido de uniforme, si no me hubieran expulsado del ejército. Cualquier cosa que entonces yo dijera se hubiera podido mal interpretar.

Desde entonces comienza mi defensa en pro de los derechos humanos. El primero que defendió los derechos humanos de Fidel fui yo. Porque cuando me dan la orden de envenenarlo, y de ponerlo en una bartolina, yo me negué y lo puse en un recinto donde había una cama y una mesita para escribir, cerca del hospitalito que había en la Prisión de Boniato. Allí fue donde empezó su prisión hasta que se lo llevaron para Isla de Pinos.

Yo le defiendo la vida a cualquier ser humano. Estoy en contra de la pena de muerte, de los abusos y los atropellos. Y me opongo a todas las barbaridades que el actual gobierno cubano comete. Estoy en contra de cualquier arbitrariedad y seguiré estado en contra mientras tenga vida.

Jesús Yánez Pelletier: Meses después de haberse graduado de la Academia Militar, siendo designado a la Batería de Artillería de Montañas. (año 1946)

Escalinata de la Universidad de La Habana. Escenario de heroicas batallas protagonizadas por el estudiantado cubano, que escribió bellas páginas de heroísmo, reclamando sus derechos constitucionales. Hoy un lugar sin vida, testigo de innumerables violaciones a los derechos más elementales del ser humano: El derecho a la libertad, el derecho a la vida.

Jesús Yánez Pelletier, y la Sra. Beatriz Aguirre de nacionalidad mexicana, amiga de la familia, poniendo flores en la tumba donde descansan los restos de Josefa Erminia Eugenia Pelletier y Morgan, madre de Pelletier. (Cementerio de Colón, Ciudad de La Habana, Cuba)

EL COSTO DE LAS IDEAS

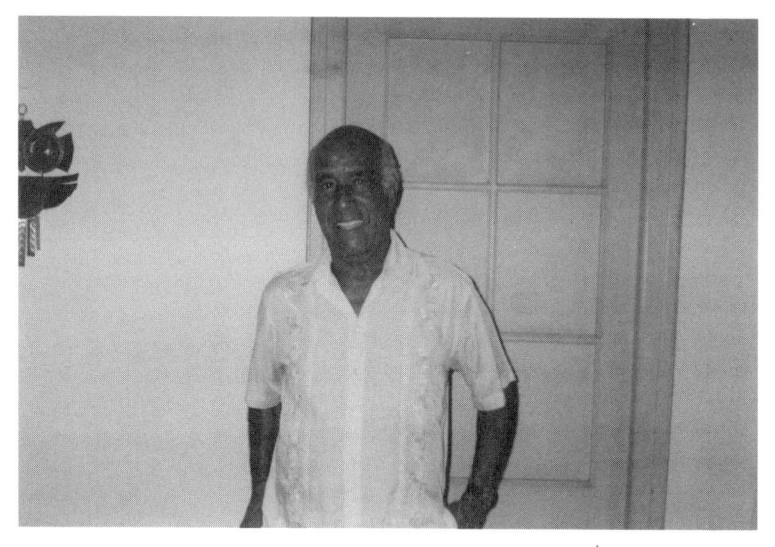

Foto dedicada por el Sr. Jesús Yánez Pelletier: A la esposa de su amigo Jorge Aguilar. (septiembre 10 de 1995)

En la foto aparecen de derecha a izquierda: Jesús Yánez Pelletier, Gustavo Arcos Bergnes, (Presidente del Comité Cubano Pro-Derechos Humanos en la Isla), Cristopher Sibilla (Secretario de Asuntos de Derechos Humanos, de la Sección de Intereses de los Estados Unidos en Cuba, con su pequeño hijo), Jeffdi Laurentis (Funcionario de la propia oficina), y René del Pozo.

En la foto aparecen de izquierda, a derecha, Yánez Pelletier, Georgina González, Cristopher Sibilla, Gene Begles (Secretario de prensa de la Sección de Intereses de los Estados Unidos en Cuba), Félix Bonne, María Bonne y Raúl.

El Sr. Jesús Yánez Pelletier, con el Cónsul General de España, Don Mariano Uriarte. (En la Ciudad de La Habana)

Foto tomada el domingo 22 de noviembre del año 1992. En ella aparecen de izquierda a derecha:
- René González Guerra, ex-preso político. Cumplió 9 años de prisión.
- Julio Ruiz Pitaluga, ex-preso político. Cumplió 23 años de prisión.
- Mario Chanes de Armas, ex-preso político. Cumplió 30 años de prisión.
- Jesús Yánez Pelletier, ex-preso político. Cumplió 11 años de prisión.

Foto tomada, en Lawton Ciudad de La Habana, el día 24 de abril del año 1993. En ella aparecen, de izquierda a derecha, Julio Ruiz Pitaluga, Gustavo Arcos Bergnes, Mario Chanes de Armas, y Jesús Yánez Pelletier.

En la foto aparecen, de izquierda a derecha, Jesús Yánez Pelletier, Georgina González, y Gustavo Arcos Bergnes.

Foto tomada en la casa de Sebastián, en Aldabos, en el año 1990. En ella aparece Jesús Yánez Pelletier, con un nutrido grupo de compatriotas. Entre ellos: Sebastián Arcos Bergnes, Gustavo su hermano, Regalado, Daysis, Ángel Espasande (autor de la TV.), Dagoberto Gómez (ya fallecido), en cuclillas aparece Tácito.

Bella y significativa postal, con fecha 2 de diciembre de 1993. Fue enviada por Sebastián Arcos Bergnes, a su compatriota y amigo, Jesús Yánez Pelletier, desde la prisión de Ariza. Por las Navidades y Año Nuevo.

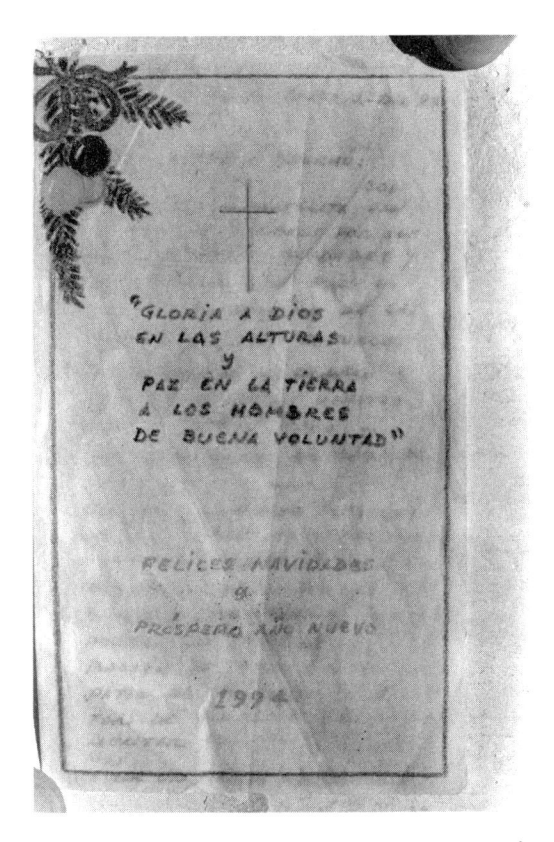

Postal enviada por Sebastián Arcos Bergnes, desde la prisión de Ariza, al Sr. Jesús Yánez Pelletier, por las Navidades y Año Nuevo. (Año 1994)

*

Aguilar: Deseo precisar: ¿Cuándo es que usted se incorpora nuevamente a la lucha por la defensa de los derechos humanos? y ¿Cómo fue que llegó a integrarse al Comité Cubano Pro-Derechos Humanos?

Yánez Pelletier: Me incorporo a la lucha de los derechos humanos de nuevo cuando me doy cuenta de lo que le estaban haciendo a Hubert Matos. Hubert no merecía aquel cúmulo de acusaciones. Y yo empecé a hablar en voz alta, a decir cosas que molestaban y que, en definitiva, me llevaron a la cárcel. Cumplí 11 años, ya hablamos de esto. Cuando salgo me entero de lo que está pasando con Ricardo Boffil, quien me envió una carta invitándome a incorporarme al Comité. Ya él le había escrito a Gustavo Arcos para hacerle igual proposición.

Aguilar: Me gustaría que usted se refiriera a Ricardo Boffil. La prensa cubana publicó una gran cantidad de mentiras, tratando de distorsionar su figura, de tergiversar su historia personal.

Sin duda, Boffil tiene el gran mérito de haber iniciado este tipo de lucha que se viene desarrollando en estos momentos en contra del régimen de Castro.

Yánez Pelletier: La prensa cubana ha tratado siempre de denigrar a todas las personas que se han enfrentado al régimen.

Ricardo Boffil es un gran luchador. Proviene de las filas del Partido Comunista. Fue profesor de Marxismo en la Universidad. Cae preso con el grupo de los primeros disidentes del partido, Anibal Escalante, Arnaldo Escalona Almeida, Hilda Felipe, Héctor Félix Fleitas, Francisco de Armas, etc. Ellos desde el principio disienten con la política que está llevando el gobierno.

✶

Aguilar: Usted cumplió 11 años en las prisiones de Castro ¿Cómo son las cárceles en Cuba?

Yánez Pelletier: Te puedo hablar de las prisiones en que estuve. Sé que unas han sido más terribles que otras. Cuando llegué a la Cabaña en el año 1960, las condiciones eran "aceptables". Me pusieron en la galera número 7, donde tenían a todos los que de una u otra forma habíamos participado en el proceso Revolucionario. Allí estaban Armando Cubría, Mario Taulet, un sargento de la policía, Tony Velázquez, Pedro Julio Martínez Fraga, Sergio Sangeni, Pepe Márquez, Félix Vázquez Roble, Adelino, Angelito, en fin, todo un grupo de compañeros que en un momento determinado participamos del proceso y que por una razón u otra estábamos presos.

De La Cabaña me trasladan para Isla de Pinos. Las condiciones allí, cuando llegué, no eran tan horribles, después se pusieron muy malas. "¡El infierno!" Fidel comenzó con los presos dándoles un trato parecido al que se le dio a él, en el corto tiempo que estuvo en prisión cuando los sucesos del Moncada, pero eso duró muy poco.

Pasada la invasión de Girón aquello se convirtió en el "¡acabóse!" Todo cambió; "¡y de que manera!" Comenzaron a maltratar a los prisioneros, con absoluta crueldad, la alimentación se convirtió en un verdadero bodrio, fue la época de los macarrones sin sal hervidos solamente; después vino la etapa de los frijoles que los presos bautizaron como "guanina", tenían un gusto indefinido "¡era un rayo!" pero había que comérselos.

Mi tiempo allí fue "terrible" Ahí está el libro de Valladares. Y aunque su texto recoge la mayoría de los horrores de la prisión, es pálido si se compara con la realidad. Si ese libro se hubiera hecho en coordinación con cada uno de los que estuvieron presos en las distintas prisiones, hubiera sido un testimonio descomunal, que hubiera impactado aún más a la humanidad. Por supuesto fue imposible hacerlo porque Valladares estaba preso.

Pasaron cosas monstruosas en Pinar del Río, en Santa Clara, en Camagüey, Santiago de Cuba y en las distintas prisiones de La Habana. Los crímenes, los abusos, los atropellos que se cometieron con los prisioneros, era algo inaceptable.

El mundo pudo conocer lo que fue y es la prisión en Cuba mediante el libro de Valladares. Valladares también vivió los horrores de La Cabaña.

En 1965 me devolvieron a La Cabaña y volví a la galera número 7. Luego, poco a poco, fueron llegando los que habían quedado en la Isla y así comenzó la desintegración de unas de las prisiones más terribles de Cuba. Las condiciones en la Cabaña ya se habían convertido en espantosas. Los golpes estaban a la orden del día. Por cualquier cosa le entraban a planazo a cualquier preso, a pesar de que Castro siempre repite y repite que en su gobierno jamás se ha golpeado a un sólo prisionero. Desde luego que todo lo que se hace en Cuba es con el consentimiento y la anuencia de él.
En la Cabaña herían a los hombres y estos no se

podían ni curar. Si te sorprendían curándote te llevaban para la celda de castigo y entonces todo era mucho más terrible, fue criminal aquello.

En Isla de Pinos sobre todo fue una cosa dantesca, allí se podía poner el letrero de Dante a la puerta del Infierno, toda esperanza quedaba fuera cuando llegabas allí. Valladares tituló su libro así: *Contra Toda Esperanza.*

Después me llevaron a Taco Taco, una prisión que está en Pinar del Río pero cuando detectaron que estábamos allí Gonzalo Miranda y yo nos metieron en un camión jaula y a toda carrera, como si fuéramos los criminales más buscados de Cuba, nos trajeron para la Cabaña.

Después fuimos a parar al Castillo del Príncipe, donde, en cuanto llegamos, nos hicieron una requisa. Me arrancaron el escapulario y una cadenita de oro con dos medallas, también de oro, que me había mandado de los Estados Unidos, una judía amiga mía. Una de las medallas tenia la estrella de David y la otra la imagen de San Cristóbal. Un guardia me las arrancó del cuello. Se perdieron y más nunca aparecieron.

Nos tuvieron en el Príncipe unos días. Allí hicimos una huelga de hambre pero a los 3 días nos empezaron a sacar de allí, uno a uno. Era para cambiarnos el uniforme. Así unos quedamos vestidos de una forma y otros de otra. Algunos se quitaron la ropa y se quedaron en prendas interiores como protesta.

Esa maniobra la dirigió el teniente Lemus, que era el jefe de cárceles y prisiones. La que se armó allí fue una cosa increíble. Había 3 uniformes. Uno era para el preso rehabilitado, el otro para el que estaba en fase preparatoria para la libertad, el otro para el que estuviera en fase de prisión cerrada. Bueno, formaron con aquello tremenda confusión, así lograron dividir a los presos para tratar de debilitarlos.

Allí me tuvieron hasta que llegó la zafra de los 10 millones, en el año de 1970. Entonces nos mandaron para el central Niquero. Permanecimos allí desde enero hasta julio, cuando nos regresaron al Príncipe. Luego fui a dar a Melena del Sur, donde me dieron la libertad, después de haber cumplido una condena de 11 años.

✽

Aguilar: ¿Con quién ha trabajado usted en el Comité Cubano Pro-Derechos Humanos?

Yánez Pelletier: He estado muy vinculado a Gustavo Arcos Bergnes, que es nuestro secretario general, con Sebastián Arcos Bergnes, su hermano, con Rodolfo González González, un hombre joven que me complació mucho trabajar con él; con Óscar Peña Martínez, y otros muchos compañeros, quienes han sufrido las mismas vejaciones de todos aquellos que se enfrentan al régimen. Siento honor de haber trabajado con muchas personas valiosas, pero sobre todo con Óscar y con Rodolfo, los tres sufrimos el mismo martirologio y repudios por parte de la policía política.

Ayer, al poco tiempo de salir tú de aquí, me llamó por teléfono una periodista. Ella me preguntó cómo era un acto de repudio. Yo me quedé pensando y de momento no supe qué calificativo darle a esa ignominiosa práctica.

Le dije: Un acto de repudio, es una cosa tan baja... Buscar personas, concentrarlas frente a la casa de uno y comenzar a proferir todo tipo de insultos y blasfemias por el solo motivo de defender tus ideas políticas.

La última vez que vinieron a mi casa a hacerme un acto de repudio, todas las personas que estaban concentradas frente a mi hogar no me conocían. Cuando el presidente del CDR (Comité de Defensa de la

Revolución) que fue mandado a buscar por la Seguridad del Estado para que fuera testigo del registro, que al mismo tiempo, me estaban haciendo; se paró en el balcón de mi casa, la multitud comenzó a insultarlo y hasta le tiraron objetos. Creían que ese sujeto era yo. ¡Diera risa! si no fuera tan "bárbaro" tan "burdo".

Ese acto de repudio comenzó como a las 7 y media, y se extendió hasta las 2 de la madrugada. Trajeron camiones, repletos de personas, de distintas partes de la ciudad, y toda esa muchedumbre se fue concentrando en la cuadra. Mientras las hordas, incitadas por las autoridades, vociferaban a todo pulmón, los agentes de la seguridad practicaban un minucioso registro en mi domicilio. En mi habitación había "doce miembros de la policía política". No respetaron el que yo, por esos días, estaba convaleciente de un problema cardíaco.

Cuando terminaron el registro fui detenido, llevé conmigo las medicinas que me había prescrito mi médico, pero cuando llegué a Villa Maristas, el médico de la Seguridad del Estado me las quitó y no me dio ni una más. En protesta contra ese abuso no probé ni agua ni alimentos. Me pasé el día en huelga de hambre. Al otro día me soltaron.

¿Cómo le podía explicar a la periodista lo que era un acto de repudio? Le conté un acto de repudio que pasamos Óscar Peñas Martínez, Rodolfo González y yo, el 8 de marzo de 1991, cuando salimos de la casa de Gustavo Arcos.

Allí una multitud nos rodeó y comenzaron a insultarnos y a golpearnos. Fue tal la violencia de lamuchedumbre contra nosotros que a causa de la embestida nos proyectaron contra una cerca de hierro, que arrancamos de cuajo. Cuando Gustavo salió de su casa para tratar de defendernos lo trataron de arrastrar hasta donde nosotros estábamos arrinconados. No les fue posible porque salieron de sus casas unas mujeres que se abrazaron a Gustavo y le impidieron a la turba que se ensañara con él.

Trajeron personas de todas partes. La mayoría de ellas engañadas. Les decían, por ejemplo, que había unos agentes de la CIA en la calle H y K, de El Vedado. Eso me lo contó, después, una profesora de la Universidad de La Habana. Ella me explicó la repugnancia que experimentó ante aquellos hechos.

En esa oportunidad trajeron además empleados de Maternidad de Línea y de la Asociación Nacional de Agricultores Pequeños (ANAP). Al frente de estos últimos venía Orlando Lugo Fontes, quien fuera primer secretario del Partido Comunista en la provincia de Pinar del Río y hoy presidente de esa organización gremial. Lugo Fontes era el que más gritaba, el que más insultos profería, parece que estaba cosechando más "méritos políticos". Y en eso llegó Santiago Álvarez, un "Cineasta, Director de Noticieros" Este hombre, que yo consideraba una persona culta, decente, me vio, se me quedo mirando y me dijo: "Yo te conozco a ti" y yo a usted también, le dije.

Y en ese momento apareció una mujer, que según me dijeron había perdido su marido en Angola, y comenzó a vociferar, histérica, que por causa nuestra le habían matado a su esposo, allá, en África.

¿Qué teníamos que ver nosotros con eso, si siempre nos opusimos a todas esas guerras? Y en medio de los insultos esta mujer empezó a decir que nosotros lo que merecíamos era el paredón de fusilamiento y empezaron a gritar "¡Paredón! ¡paredón! ¡paredón!" y Santiago Álvarez se unió al coro ese, también pidiéndonos paredón. Yo lo miraba con lástima y desprecio al mismo tiempo… ¿Cómo era posible que un hombre como él, que se suponía debía tener una mentalidad distinta, hubiera descendido a ese nivel tan bajo, solamente para mantenerse en su puesto y cuidar la magra prebenda que obtiene del régimen. Él aceptó y participó de esa cosa infamante.

Allí estaba, también, Roberto Robaina, el hoy Ministro de Relaciones Exteriores, que intentó entrar por medio de la fuerza en la casa de Gustavo Arcos Bergnes.

Aguilar: Ese es el hombre al cuál Castro le confió las Relaciones Internacionales…

Yánez Pelletier: A Robaina, Fidel le confió representar a Cuba en los foros internacionales, tal vez por todas las canalladas que ha cometido en su existencia.

Allí estaba, participando en un acto de repudio en contra de Gustavo Arcos, que años antes había sido embajador. Robaina intentó entrar en la casa de Gustavo por una ventana. Gustavo y él tuvieron unas palabras y finalmente Gustavo logró cerrar los postigos de la ventana. Había, además, otros personajes de la fauna oficial, que para qué nombrar a esas alimañas.

En medio de aquella turbamulta, un sujeto nos lanzó un cake, y en eso llegó un patrullero. Nosotros pensamos que venían en nuestro auxilio. El auto se detuvo un instante, los agentes contemplaron la escena y de inmediato nos sacaron de la cerca en la que estábamos entrampados como resultado de los empellones de aquella horda. Los policías se retiraron y nos dejaron allí rodeados por aquella muchedumbre delirante que nos golpeaba de mil modos. "Aquello fue terrible", Hombres, mujeres y hasta niños pronunciando obscenidades.

De pronto empezaron a decir vamos a llevarlos a la "madriguera". Yo no sabía a qué se estaban refiriendo. Nos sacaron de allí a empujones nos llevaron hasta Línea y L, allí doblaron a la izquierda en dirección a la oficina de Intereses de los Estados Unidos. "Esa era la madriguera a la que ellos se referían".

Ya en la Sección de Intereses conocían lo que estaba sucediendo porque había venido un representante de la France Press: Rosental, que había logrado entrar en la vivienda de Gustavo por la misma ventana por donde intentó cruzar el "Señor Robaina".

Rosental, que vivió ese acto de repudio, escribió sobre ese suceso en un libro que aún no ha llegado a mis manos.

Desde donde estaba, no pude ver al corresponsal de la Reuter aunque me dijeron que estaba allí, como estaba también, el periodista de la agencia EFE. Mientras pasaba por aquel trance tan bochornoso pensaba: Que por lo menos podía tener el consuelo, de que la prensa extranjera presenciara aquel acto tan brutal y no pasara inadvertido. El mundo se va a enterar de lo que es capaz un gobierno canalla como éste.

El que estaba dirigiendo la "orquesta" era un sujeto de la Seguridad del Estado y parece que consultó por su walkie talkie, y todo dio a entender que le dijeron que no nos llevara, para la Sección de Intereses.

De haberlo hecho nos hubieran salvado de aquel infierno toda vez que el Sr. Brencik que se desempeñaba entonces como Cónsul General de los Estados Unidos, ya estaba al tanto de lo que ocurría, y había preparado todo para abrir la puerta de la Sección para que nosotros nos refugiáramos allí.

Hubiese sido la primera vez que Estados Unidos diera asilo político a un perseguido dentro de las mismas fronteras del suelo cubano. Nosotros, de ninguna manera lo hubiéramos aceptado. En todo caso hubiésemos aprovechado la oportunidad para buscar la liberación momentánea de aquel atropello incalificable y continuar de inmediato nuestra lucha, como lo hemos venido haciendo desde entonces.

La multitud que nos perseguía por las calles nos tiraba piedras, huevos y cuantos objetos tuvieran al alcance. A mí me dieron con uno de esos objetos en una oreja, por poco pierdo ese sentido. Estuve sufriendo del golpe durante un considerable tiempo. A Óscar y a Rodolfo también los golpearon. Continuaron así hasta la calle 11, al fondo del hospital de Maternidad de Línea. En ese punto estaba apostado un patrullero que obviamente nos esperaba. Nos montaron en el auto y en ese momento todo aquel gentío comenzó a gritar, más fuerte que antes "¡Paredón! ¡paredón! ¡ paredón!" Y se aferraron al carro y lo empezaron a mecer, de un lado a otro, en tanto que el ayudante del chofer le rogaba a la muchedumbre que no hicieran eso, que podían romperle el vehículo.

Yo le dije a Óscar y a Rodolfo: "Si este auto se incendia vamos a morir achicharrados…" Felizmente el policía logró salir de allí. Nos llevaron para la unidad número 4 que está en Galiano y Manrique. Allí estaban dos tenientes coroneles que nos recibieron, y nos dijeron textualmente: "Esta vez los hemos salvado… La próxima vez los vamos a dejar para que el pueblo los aplaste…"

Allí nos tuvieron algunas horas hasta que nos pusieron en "*LIBERTAD*" Cuando por fin pude llegar a mi casa, estaba todo adolorido dañado por el impacto de varios objetos que me tiraron, el pantalón estaba manchado de sangre por una cortada que me propinaron en la parte superior del muslo, en esa misma región tenía un hematoma del tamaño de una pelota de béisbol.

Es difícil imaginar por las cosas que tuvimos que pasar. Para alguien que no viva en Cuba, es más difícil aun pensar que un gobierno que se presenta ante el mundo como defensor de los derechos humanos cometa acciones tan mezquinas. Pero eso, y mucho más, es lo que se vive en la Cuba de nuestros días.

Aguilar: ¿Cómo usted explica que el pueblo cubano se deje manipular y engañar de esa forma?

Yánez Pelletier: Porque el pueblo no sabe. En ninguno de los actos de repudio que se me han hecho, las personas que participaron sabían quién era yo. Ni conocen la historia mía ni la de Gustavo Arcos Bergnes, Sebastián, Rodolfo González, Óscar Peña y tantos otros.

Lo único que saben es lo que les dicen. Además, hay una gran parte del pueblo tan enajenado, tan viciado por todo lo peor, que le dicen que hay que irle a gritar a un "monstruo", que si este personaje es agente de la CIA y otras patrañas de esa índole y entonces va y grita, aunque verdaderamente, no sepa ni por qué lo está haciendo.

Aguilar: "Los personajes oficiales" tratan de justificar esas barbaridades explicando que es el mismo pueblo, quien enardecido ante los enemigos de la revolución se lanza, espontáneamente a tomarse la justicia por su mano… Hay que tener presente, que la prensa tanto escrita como radial, está en las manos de un régimen sin escrúpulos, que controla al pueblo y lo manipula a su antojo, sin escatimar recurso alguno por tal, de apuntalarse cada día más en el poder. En última instancia, exoneran a Fidel afirmando que él es ajeno a ese tipo de práctica…

Yánez Pelletier: ¡Qué va a ser ajeno! "Esa es la historia que se hace siempre". Fidel lo sabe todo. Esa mañana que te conté cuando nos acorralaron y agredieron, Fidel lo sabía todo a los 5 minutos. Yo digo como me dijo Ricardo Bofill: Lo que quería era que nos lincharan, a Gustavo y a mí y así salir de nosotros, dos enemigos menos. El sabe que con nosotros no hay arreglos. Somos adversarios irreconciliables de él.

Fidel ya más nunca nos puede engañar, y eso que es un maestro de la mentira. Pero a mí no me engañan dos veces. Con una vez me bastó.

Después de uno de esos actos de repudio, le escribí una carta abierta a Fidel. Al final de esa carta yo le recordé las palabras del teniente Sarría quien se opuso a que lo asesinaran, en las afueras de Santiago de Cuba, cuando fue hecho prisionero después de los sucesos del Cuartel Moncada. Sarría le dijo a los soldados: Las ideas no se matan.

* * *

Carta abierta escrita por el Sr. Jesús Yánez Pelletier Vice Presidente de Comité Cubano Pro-Derechos Humanos a Fidel Castro Ruz (después del acto de repudio).

> La Habana, 10 de diciembre de 1992,
> Aniversario 44 de la Declaración Universal
> de los Derechos Humanos

Dr. Fidel Castro Ruz
Presidente de la República

Fidel: En el atardecer de hoy, cuando me dirigía a la casa donde habita mi amigo Gustavo Arcos Bergnes, bloqueado por las turbas de la Seguridad del Estado con el disfraz de pueblo indignado, fui interceptado por un grupo de elementos de acción y violencia de esta Seguridad del Estado, los cuales después de pedirme que los acompañara a la esquina de la calle L y 15, el que me conducía solicitó me sentara en el borde de la acera. Preferí mantenerme de pie, algo de lo que todo cubano debe sentirse orgulloso. Este comenzó a amenazarme, a decirme que le estaba agotando la paciencia con mi actuación en compañía de Gustavo "en el asunto de los Derechos Humanos". Ordenó que le avisaran al teniente coronel Waldo. Cuando este venía trató de ocultarse detrás de un arbusto. Un joven fuerte, como de 30 años, me lanzó un violento golpe de kárate en la parte izquierda de la cabeza y cara, lanzándome al suelo, donde en unión de otros que me rodeaban comenzaron a patearme.

Estos son los hechos.

Acuso a Fidel Castro Ruz de la responsabilidad en esta agresión contra un hombre de más de 75 años, el cual en un momento de su vida fue generoso y humano con él y sus compañeros del Moncada, algunos de los cuales han sufrido y todavía hoy sufren agresiones y abusos del poder…

Acuso a Fidel Castro Ruz de permitir esos grupos, que amparados en sus identificaciones de la Seguridad del Estado asaltan, maltratan y violan todos los derechos consignados en la Declaración Universal de Derechos Humanos.

Acuso al teniente coronel Waldo, quien por su rango y responsabilidad pudo evitar la agresión a mi persona, olvidando la lección de historia que un día diera un hombre como el teniente Sarría, que frente a sus soldados, teniendo a un hombre detenido e indefenso impidió con una frase que tú fueras asesinado: *LAS IDEAS NO SE MATAN...*

De esta acusación sólo puedes exonerarte, Fidel Castro Ruz, si con tu actuación en estos hechos vergonzosos haces buenas y valederas aquellas palabras que una vez en la defensa de tu integridad física, pronunciara el Tte. Pedro Sarría Tartabull: *LAS IDEAS NO SE MATAN...*

Jesús Yánez Pelletier
Vicepresidente
Comité Cubano Pro-Derechos Humanos.

✳ ✳ ✳

Aguilar: Es difícil de imaginar, que puedan cometerse hechos tan salvajes y crueles en contra de un hombre de más de 75 años, y es mucho más difícil de imaginar, si se tiene en cuenta que ese mismo hombre al que hoy Fidel Castro reprime y tortura, fue el mismo hombre que le salvó la vida, cuando éste se desempeñaba como asesor militar de la prisión de Boniato.

Yánez Pelletier: Como se ve, Fidel se olvida de todo, ex-profeso. Hubiera deseado vernos con la cabeza cortada, tanto a mí como a Gustavo, y que se la hubieran llevado en bandeja, como le llevaron la de San Juan Bautista al déspota.

Cuando me preguntó la periodista sobre los mítines de repudio… Los puedo definir con dos palabras: Son los actos más despreciables que puede realizar un ser humano.

Hubo un acto de repudio que se hizo frente a la casa de Sebastián Arcos Bergnes en el año 1990. Todavía quedan las huellas en las paredes. La casa está toda pintarrajeada con letreros que dicen: "Gusanos", "Viva Fidel", "Abajo la Gusanera", "Patria o Muerte", "Socialismo o Muerte…" todo lo que se les ocurrió poner; rompieron ventanas, acabaron…

Esto sucedió un día que Sebastián estaba reunido en su casa con un grupo de amigos y compatriotas. Y en ocasión de la captura de 3 infiltrados, procedentes de los Estados Unidos, ese día fuimos detenidos Gustavo, Sebastián y yo, y conducidos a Villa Marista después de que se nos hiciera un acto de repudio, dirigido, desde luego, por la propia policía política.

En el cuartel general de la Seguridad del Estado, nos pasaron un vídeo del juicio donde los infiltrados exhiben una libretica de notas con nuestros nombres, como posibles enlaces.

Somos liberados Gustavo y yo, pero dejan preso a Sebastián a quien, días después, lo intentan acusar de rebelión. Al no conseguir personas que se prestaran a sostener esa acusación, cambiaron la misma para acusarlo de propaganda enemiga. El juicio contra Sebastián, rompe todos los cánones establecidos por la justicia.

Para celebrar el juicio, utilizaron una joven fiscal que impudorosamente declaró que visitaba la casa de Sebastián, y en el trato de por años con él, sabía de sus actividades.

Lo acusa de fascista y racista. Los que conocemos a Sebastián sabemos que lo que declaró esa fiscal fue un absurdo, Sebastián es un hombre íntegro en todos los sentidos. Se le fabricó una causa y fue condenado a 4 años y 8 meses de prisión. A Sebastián, le correspondía la libertad provisional de acuerdo a las leyes de este país, pero a él no se la habían dado, como aquí ellos hacen lo que quieren y se hartan de decirlo. Porque a mí, un teniente coronel me dijo en el juicio de Sebastián, "nosotros hacemos aquí lo que nos da la gana" y yo le respondí: "Sí, pero ¿hasta cuándo van a hacer ustedes lo que les da la gana?" "¿Dónde están los derechos civiles y políticos del ciudadano de este país?"

Ese teniente coronel en su réplica me dijo: "Nuestro Comandante en Jefe…" y yo le dije: Comandante en Jefe de ustedes… porque mío, no lo es… Lo único que ha hecho Fidel Castro es hundir en la miseria a nuestra patria.

Sebastián fue puesto en libertad después de haber cumplido 3 años y 6 meses de prisión. Salió enfermo. Se encuentra muy delicado de salud.

Aguilar: El régimen para exportar una imagen favorable de ese maquiavélico sistema, y ganar adictos, para después manipularlos y utilizarlos, como lo vienen haciendo hace ya casi 40 años, se ha encargado de decirle al mundo que en Cuba no se reprime, no se da golpes, no se tortura. Ha fabricado muchas mentiras y, lo peor de todo: "Ha logrado hacerlas pasar como ciertas…"

Yánez Pelletier: Aquí se ha dicho mucha mentiras, y ha sido el propio Fidel Castro el encargado de decirlas. Él ha dicho que aquí no se golpea a un detenido, que no se maltrata. Mira, esta cicatriz que tengo en el pecho, es un bayonetazo que me dio un soldado cuando yo estaba preso en La Cabaña, y me lo dio por gusto, porque nosotros los presos políticos no nos inmiscuíamos en reyertas ni desórdenes. Cuando sacaban a trabajar a los presos políticos, los golpeaban de forma brutal.

Un día, en un conteo rutinario en la galera, le rompieron la cabeza a más de 30 hombres, con palos, tubos y angulares de cama. Y no estoy hablando con muertos, como se dice. Quien organizó la golpiza fue el sargento Limbano, el mismo que nos dijo: "Si no salen corriendo ahora, les vamos a dar una paliza que van a tener que correr de todas formas…" Los reos salieron de la galera pero caminando. Imagínate el resto. Nos querían hacer correr y no se corrió porque siempre hay personas dignas frente a gentes indignas.

✱

Aguilar: ¿Cómo usted se siente en estos momentos luchando en contra de un sistema que admiró y defendió?

Yánez Pelletier: Cuando uno ha luchado por una idea, en la que ha creído, y después descubre que aquello que uno defendió es una infamia, uno experimenta sentimientos contradictorios. Una mezcla de frustración, desengaño y descontento. Llega uno a pensar, que ya no podrá volver a creer, ni en nada ni en nadie. Imagínate: Fidel significó para nosotros una esperanza; veíamos en él a un hombre joven, talentoso, con un lenguaje que creímos honesto.

Nuestra generación volvía la vista en derredor y contemplaba, asqueada, la corrupción de los políticos y gobernantes. Ahora recuerdo al mismo Prío, que era un hombre todavía joven cuando llegó al poder. Venía de las luchas de los años 30. Y cuando yo vi aquella generación me dije que el país se iba a arreglar. Sin embargo no fue así. Tomaron el poder los que no habían luchado y para enriquecerse. Pero el país se movía lentamente por cauces democráticos.

Aparece Fidel, que se une al grupo de Chibás. Yo oía a Chibás por la radio, en sus campañas políticas y dominicales y mientras lo escuchaba me decía: "a lo mejor este hombre viene y adecenta la nación con los hombres que lo rodeaban", como Pardo Lladas, Conte Agüero, y el mismo Fidel, que todavía no era una figura política de envergadura nacional pero repetía el mismo lenguaje de decencia y vergüenza de los ortodoxos.

Yo nunca pensé ver a Fidel convertido en un dictador y mucho menos en un tirano, porque Fidel no es un dictador, sino un verdadero tirano, su voluntad es la que debe de prevalecer por encima de la voluntad de la nación. Su única intención es mantenerse en el poder, a él no le interesan los destinos de nuestro país para nada. Fidel Castro no quiere a Cuba.

Yo hago una comparación: Franco fue un dictador. Después de ganar la guerra, recibió un país devastado por la recién concluida contienda civil, que anegó a España en sangre, con una extraordinaria cantidad de odio en la población. Pero Franco en medio de todo quería a España. Y se dedicó a curar heridas y limar asperezas; y después, a engrandecer a su patria. Y de la España que Franco recibió en el año 1939 a la que dejó a su muerte hay una pasmosa diferencia; inclusive dejó un descendiente del Rey listo para gobernar. Pero "El Señor de Cuba", encontró a su llegada al poder, un país floreciente, que Fidel en su lenguaje de tergiversaciones llamo "seudo república" y que, no obstante, era muchísimo más limpia, más honrada y mucho mejor que la república que él gobierna ahora.

Por esto, te digo, uno experimenta muchas amarguras pero el desgarramiento que uno siente por dentro hay veces que ni nos deja expresarnos. Me pongo a pensar qué hubiera podido ser Cuba en estos casi 40 años si Castro no hubiera estado en el poder.

Nuestro país sería, probablemente, más floreciente que cualquier otro país del Caribe y de América. Porque Cuba siempre estuvo a la cabeza de la mayoría de los países de la región e, incluso, por delante de otros de latitudes más lejanas. Cuba tenía sus problemas, pero adelantaba y hubiera seguido adelantando. Cuba hubiera sido un país muy interesante en este final de siglo ¿Y cómo va a recibir nuestro país el año 2000 con este hombre al frente de los destinos de la nación? Aún sin su presencia, aún si su poder se acabara mañana, estos años que nos faltan para llegar al otro milenio van a ser terribles.

Aguilar: La generación actual, y los que van naciendo van a heredar un país con una economía en bancarrota, semidestruido, e hipotecado.

Yánez Pelletier: Exacto. La juventud va a recibir un país en bancarrota y con una deuda insalvable porque las deudas que este señor ha contraído son terribles, y eso que la deuda con la antigua Unión Soviética ha sido condonada porque fueron ellos los que crearon y sostuvieron este monstruo, y después, porque no se va a poder pagar. La culpa de lo que pasa en el país, la tiene Fidel Castro con su empeñamiento de mantenerse en el poder. Porque todo lo que Fidel ha hecho es una sola cosa: Mantenerse en el poder; ese es todo su problema. Esa es la gran frustración que tenemos los que lo apoyamos una vez, los que fuimos amigos de él una vez. Nos sentimos engañados, porque si hay alguien que ha engañado a este pueblo, a sus amigos, y a todos, se llama Fidel Castro.

Yo te decía hace poco que cuando llegué a la cárcel había allí un gran número de presos que habían sido sus amigos. Amigos de verdad, de los días difíciles cuando Fidel no tenía apoyo. Fueron los días de los asesinatos de Manolo Castro y Justo Fuentes; los días de la agitación en la Universidad de La Habana, una época en que Fidel Castro no gozaba de mucha simpatía entre sus contemporáneos, y esos amigos que andaban con él, como el Chino Esquivel y Aramís Taboada, a quienes luego dejaría morir en la prisión. Unicamente un hombre como él, de su catadura moral, hace esas monstruosidades.

El veredicto de la historia que él confía tanto que lo va absolver, ya lo está condenando hace mucho rato. La condena final va ser terrible, porque va ser el olvido absoluto. Y cuando se pronuncie su nombre, las personas se van a persignar como lo hacen cuando se menciona al Diablo.

*

Aguilar: La inmensa mayoría del pueblo opina que es necesario un cambio. Sin embargo, teme que se produzca. ¿A qué usted cree que se debe esa actitud?

Yánez Pelletier: La gente quiere un cambio pero le tiene tremendo miedo. Porque el gobierno se ha encargado de resaltar, con verdadero ahínco, los errores que han cometido en los Estados Unidos algunas personas del exilio. Los que quieren una cruenta guerra civil, y quienes se han puesto a decir que cuando triunfen van a regresar para recuperar todas sus propiedades. Y lo han dicho en un lenguaje desprovisto de mesura e inteligencia.

Yo reconozco, claro, que muchas personas del exilio fueron sensiblemente afectadas por decretos y leyes que ordenó una sola persona. Y que esos cubanos, que fueron despojados arbitrariamente de sus propiedades, tienen derecho a ser recompensados. Pero como quiera que esas heridas todavía están en carne viva, y que esos hombres y mujeres maltratados aún no se han recuperado de ese trauma, el gobierno desde los primeros años ha manipulado las palabras de esos exilados para infundir pánico en la población. El Partido Comunista en el poder manipula muy bien esos aires que vienen de Miami.

Aguilar: Una de las mayores preocupaciones del pueblo cubano es su destino con relación a la vivienda.

Yánez Pelletier: Es natural. Porque las campañas gubernamentales en ese sentido nunca han cesado. Y en los últimos años se han acentuado, manipulando algunas manifestaciones de determinadas personalidades del exilio, por cierto, muy poco representativas de lo que piensa y siente, verdaderamente, la gran mayoría de los cubanos que se han visto obligados a abandonar su patria y vivir en suelo extranjero.

Es lo que tú dices: el pueblo de Cuba a lo que le tiene terror es al problema habitacional. Y es lógico, si se tiene en cuenta la terrible crisis que hay en la Isla con la vivienda.

Las personas piensan que si los propietarios regresan, los actuales residentes van a ir a parar a la calle. Por ejemplo: la mansión de Eduardo Chibás, en la calle 17, de El Vedado, se ha convertido ahora en un solar y la ocupan alrededor de 30 ó 40 familias. Hay miles y miles de ejemplos como éste.

Aguilar: ¿Usted no cree que con abordar un tema tan escabroso como ese, de alguna manera se ayuda a que se alarguen los días del tirano en el poder?

Yánez Pelletier: Claro, ese es un error que ha cometido el exilio: hablar de eso. Las personas que consideran que van a ser perjudicadas se dicen: "Que siga Fidel ahí, que con él tengo mi casa asegurada, de otra forma no voy a tener ni casa donde vivir".

Aguilar: Es opinión de muchos cubanos que Castro ha perdido ya su popularidad, y que de las "conquistas del socialismo" conquistas que jamás han estado en correspondencia con lo que vive y sufre nuestro pueblo, ya nada queda. Sin embargo no se producen protestas masivas. Algunos opinan que el pueblo ya se ha resignado a ese calvario.

Yánez Pelletier: No. El pueblo no se ha resignado a esa pesada cruz, y la prueba de ello fue que tan pronto como hubo una válvula de salida que fue el 5 de agosto de 1994, presenciamos una rebelión momentánea, generada por la incertidumbre y el desconcierto. La gente está cansada. Ya no lo apoya ni el 10% de la población.

Hoy me enteré que van a cambiar el horario de las telenovelas "la brasilera y la cubana" para que la gente asista a las reuniones para designación de candidatos al Poder Popular. Y ni así van a ir. Y de los discursos de Fidel ni hablar, son contadas las personas que los escuchan, ya ni los militantes del partido los oyen.

Las protestas masivas no se producen, no porque los cubanos tengan miedo, ya la gente le perdió el miedo al sistema. Se perdió el miedo y eso es muy importante. Ya a la gente no le importa nada. Lo único que quieren es que no los molesten, y el gobierno molesta y reprime bastante. Por eso se produjo el 5 de agosto. Y por eso se producirán otras demostraciones y conflictos más, hasta que podamos sacudirnos este yugo.

El pueblo ya perdió el miedo y si no se levanta es porque piensa que cuando ocurra el cambio también los que se sientan en Palacio los van a esclavizar como lo hacen ahora los comunistas. Porque, como es obvio, de "las conquistas del Socialismo" ya casi no queda nada, si es que en realidad hubo alguna. Únicamente la represión. Mira: el cubano se siente muy frustrado. Hay que vivir aquí en éste país para darse cuenta lo que es esto, y eso nada más lo sabes tú y yo que vivimos aquí, los que no viven aquí, ni remotamente tienen idea de las canalladas que se cometen en Cuba.

Aguilar: Fidel Castro ha tenido éxito en el arte para engañar, y con ello ha logrado dividir a la familia cubana. Ha engañado a muchas personas, incluyendo a Jefes de Estado y de Gobierno… Lo más triste de todo es que ha logrado engañar y dividir a parte del exilio, y algunas de estas personas las está utilizando por segunda vez.

Yánez Pelletier: Si Castro ha tenido algún éxito ha sido en el engaño. Nos ha engañado a todos: a los de adentro, a los de afuera, y a los dirigentes de la mayoría de los países. Se ha inventado una imagen y la ha sabido vender, con inteligencia y astucia, riéndose de todos. Yo estoy seguro que cuando llega de uno de sus viajes, en privado comenta: "Qué clase de tontos son esos presidentes…" Del único que no se ha podido reír hasta el momento es de Raúl Menem.

Cuando algunos dirigentes de poca monta visitan a Cuba, entonces organiza la farsa: les hace regalos, libera a algunos presos de su finca. Siempre tiene prisioneros para negociar y mostrarse magnánimo. Para él los presos son elementos negociables.

*

Aguilar: La Iglesia Católica ha desempeñado un papel decisivo en el destino de muchos pueblos. Sin embargo, se dice en Cuba y en el exterior que ha sido demasiado conservadora con el régimen…

Yánez Pelletier: Yo no diría que la Iglesia Católica haya sido conservadora. Dadas las características de nuestro pueblo creo que ella ha tratado de preservarse. Ese fue el plan que se trazó y ha logrado sobrevivir todos estos años.

Cuando yo estaba preso en Isla de Pinos había muchos sacerdotes católicos presos. Fue una época terrible de mucha persecución religiosa. Y si en Cuba no se cerraron por completo los templos fue porque al gobierno le interesó mantener una imagen de aceptación a la religión para consumo externo. Sin embargo, cuando uno iba a la iglesia era muy mal visto por los "camaradas". Te fichaban como un elemento desafecto a la revolución.

Hoy el pueblo ya no le teme a eso. La prueba más fehaciente es la cantidad de gente joven que constantemente se bautiza y acude a los templos. Se vienen a bautizar a los 16, a los 20, a los 25 años porque los padres no quisieron correr el riesgo de que los expulsaran de sus trabajos, que los persiguieran, haciendo extensiva esa persecución a toda la familia. Hubo una gran hostilidad y persecución en contra de los religiosos.

A los testigos de Jehová los destrozaron por completo, y con los bautistas sucedió algo similar. A la Iglesia Católica le expulsaron a las monjas y a casi el 95% de los sacerdotes. Todavía hoy hay sacerdotes que atienden varias parroquias. Y es muy difícil, casi imposible, traer un sacerdote extranjero. Y los poquísimos muchachos que llegaban en ese tiempo al seminario, a estudiar sacerdocio, tuvieron que soportar persecuciones y muchos de ellos fueron a parar a las tristemente "célebres" UMAP (Unidades Militares de Ayuda a la Producción) que no fueron otra cosa que verdaderos campos de concentración.

Aguilar: Leyendo la biografía del Cardenal Jaime Ortega se puede ver su experiencia en esos centros penitenciarios, donde maltrataron y humillaron a esos jóvenes con absoluta crueldad.

Yánez Pelletier: Sí, él también estuvo allí. Y las personas que pasaron por esa experiencia no fueron juzgadas por ningún tribunal. Fue arbitrario lo que hicieron. Cometieron con ello miles de vejaciones y abusos cuando fueron enviados a esos campos de trabajo forzados en la provincia de Camagüey.

Los concentraron allí por ser anticomunistas aunque hay excepciones, como la de los trovadores Silvio Rodríguez y Pablo Milanés, que después de haber estado en la UMAP, tachados de lo peor, a pesar de eso, después, se dejaron fotografiar en la revista Revolución y Cultura, abrazados con Fidel, abrazados con el verdugo. Por eso, siento tanto desprecio por esos dos personajes y lo digo así, honestamente.

Aguilar: Osvaldo Rodríguez era muy parecido a Pablo y Silvio y…

Yánez Pelletier: Sí, pero por lo menos Osvaldo Rodríguez ahora ha tenido la dignidad de reconocer públicamente sus errores, ha admitido que fue engañado. Ha tenido el valor de degradarse en publico. Pero estos dos han sido todo lo contrario. Sin embargo, hay cantantes muy buenos que por no gustarles el sistema los han borrado… Sus discos están prohibidos en Cuba.

El otro día yo vi cómo los locutores del popular programa Palmas y Cañas, que se transmite los domingos por el canal 6 de la televisión cubana a las 7 PM. trataron de decir el nombre de Albita Rodríguez, pero no se atrevieron: el nombre de Albita no se puede mencionar. Ella se quedó y al quedarse, está proscrita en su patria.

Pero déjame regresar a la pregunta: la Iglesia Católica ha desempeñado el papel que tenía que desempeñar, que era, ante todo, sobrevivir, y en medio de las terribles persecuciones lograron salvarse, y hoy está renaciendo con una fuerza increíble. Uno va a las iglesias y ve una enorme cantidad de personas asistiendo a los cultos, y eso uno ni se lo podía imaginar hace tan sólo unos pocos años, esto no porque haya menos represión como erróneamente se dice, sino que la gente ya no tiene miedo.

Yo vivía en una cuadra donde había una iglesia, y los estudiantes universitarios salían de su centro de estudio, pasaban por allí, miraban para ambos lados y luego penetraban en el santuario subrepticiamente. Eso lo vi yo: los jóvenes escondiéndose para entrar en el templo.

Hay quien critica y dice que la iglesia fue muy débil. Yo creo que no, insisto, que desempeñó su papel y que esperó el momento oportuno. Supo esperar, pacientemente. De lo contrario la hubieran borrado de estos terribles años de la historia de Cuba.

Al régimen que impera en Cuba no le importa lo que tenga que hacer por mantenerse en el poder. Muchos obispos se vieron obligados a abandonar la Isla, y han mantenido una actitud intachable en el exilio, como son los casos, entre otros, de Monseñor Román, el Padre Santana y tantos que han luchado incansablemente en contra de la injusticia social, a favor de la libertad de Cuba. Estoy seguro que van a seguir luchando.

Aguilar: La ayuda que le suministran a Fidel Castro algunas organizaciones extranjeras, como, por ejemplo, "los Pastores por la Paz", se destina cuando llega a Cuba a otros fines. La mayor parte de esas donaciones, el gobierno cubano las vende luego en la red comercial de tiendas en dólares, utilizando esos recursos para apuntalarse en el poder. El pueblo recibe muy poco de esa asistencia. La mayoría de ese auxilio humanitario resultan, realmente, ser actos que le sirven al régimen como medio de propaganda.

Yánez Pelletier: Eso es muy serio. Esos pastores no son más que elementos de la propaganda castrista que, como sabemos, es muy poderosa. Aquí vino una mañana una señora, que vive cerca de aquí, con la nariz destrozada por un puñetazo que le propinó un agente de la Seguridad del Estado cuando ella protestó por una vigilia que estaban haciendo esos "señores" ante la Sección de Intereses de los Estados Unidos en Cuba. Ella dijo, "que por qué no hacer una vigilia por la libertad de los presos políticos cubanos". Y por poco la matan.

Te digo honradamente: esos Pastores por la Paz no son tales pastores. ¿Cómo permitieron que en presencia de ellos golpearan a una mujer que sólo decía lo que estaba pensando? Esos no son Pastores por la Paz sino propagandistas del régimen de Castro.

Aguilar: Toda esa propaganda, que han recibido esos señores, desplegada desde luego, por la tiranía, se ha revertido en contra de ellos: ahora el pueblo siente un verdadero desprecio por esos personajes.

Yánez Pelletier: Es que no son tales, los pastores.

※

Aguilar: La cancillería cubana se reunió, recientemente, con un grupo de exilados que viven en los Estados Unidos para dialogar sobre la nación y la emigración. Hace poco el Ministro de Relaciones Exteriores, Roberto Robaina, convocó un segundo encuentro entre esos personajes y figuras del régimen. Según se ha podido conocer, la agenda de lo que tratarán va a ser más amplia. ¿Cuál es su opinión sobre este tema que desata tantas polémicas entre los cubanos?

Yánez Pelletier: Mira, esta reunión pudiera no ser negativa completamente. Si no fuera porque ellos se reúnen con dirigentes del gobierno y no le hacen ningún planteamiento substancioso, serio. No proponen nada que pueda molestar a los jerarcas cubanos. Si le plantearan siquiera, por ejemplo: que el gobierno libere a todos los presos políticos que mantiene injustamente confinados en cárceles cubanas en condiciones muy precarias, por el sólo hecho de expresar lo que sienten y defender el derecho a la libertad y a la vida…

¿Por qué no plantean en esas reuniones que el gobierno deje de intervenir en la vida privada de los ciudadanos…? ¿Por qué? para que usted pueda salir de la

Isla tiene que estar autorizado por el gobierno castrista, como si usted fuera menor de edad… exponerse a la humillación de que le digan que si o que no, y que después le otorguen la "tarjeta blanca". Las personas, en cualquier lugar del mundo, tienen el derecho a salir y entrar de su patria según su voluntad, sin contar con nadie, y cada vez que lo desee. ¿Por qué el cubano tiene que tener una carta de invitación para visitar los Estados Unidos? Fíjate a donde llega el cinismo de las autoridades comunistas de la Isla. Mi pasaporte está en poder de la Seguridad del Estado desde hace aproximadamente 15 años. Me lo quitaron en el año 1980 y desde entonces estoy esperando que me lo devuelvan.

Recientemente fui a la dependencia competente, cuando se iba a casar mi hija Cristina, que vive en los Estados Unidos, y me dijeron con asombrosa tranquilidad que no me podían entregar mi pasaporte, que tenía que investigar y solicitar autorización.

Aguilar: Conociendo el gobierno cubano como lo conocemos pienso que esos encuentros periódicos de "figuras del régimen" con exilados cubanos, tienen, al menos, tres objetivos; primero: •dividir al exilio cubano; segundo: •dividir a los cubanos que están en la Isla, y tercero: •apuntalar a un régimen que vive sus últimos momentos.

Yánez Pelletier: Desgraciadamente el exilio cubano se divide con mucha facilidad. Cualquier tema lo divide. Pero con relación a esto, que se ha dado en llamar pomposamente "la nación y la emigración", un desdichado diálogo que en verdad es un monólogo, creado por Robaina y sus acólitos, que ya trajo conflictos en Miami... Nosotros siempre nos dedicamos a observar atentamente estas cosas y no tomamos parte en esas combinaciones y juegos del gobierno. Nosotros no nos prestamos a esas cosas. Pero quiero decirte algo más con relación a este tema: ninguno de los participantes en esa reunión se ocupó de plantear algo verdaderamente sustantivo, nada de peso. Únicamente palabras y más palabras.

El gobierno escogió los temas y las personas con quienes quería hablar. ¿Por qué no invitan a otros cubanos del exilio y de la oposición interna, para que participen en las discusiones, si son cubanos que tienen opiniones, y por tanto, derecho a opinar sobre la realidad nacional? El castrismo no admite una discusión libre y responsable sobre los verdaderos problemas de Cuba. Todo lo que hace es manipular para dar una imagen de civilidad que está muy lejos de tener.

*

Aguilar: Nos gustaría conocer: ¿Cuál es su opinión con relación al fusilamiento del general Arnaldo Ochoa?

Yánez Pelletier: Este tema: el fusilamiento de Ochoa, le costó a Elizardo Sánchez que lo detuvieran, solamente por opinar. De modo que lo más que pudiera suceder es que me encarcelen a mí también. Yo creo que fue un asesinato. No había ninguna necesidad de fusilar al general Ochoa. En primer lugar porque el Código no prescribe el fusilamiento para este tipo de delito. En segundo lugar porque nunca he creído que Ochoa fuera un narcotraficante. Hizo lo que le mandaron hacer: negociar como pudiera para conseguir dólares, porque esa organización que creó el Ministerio del Interior, el "MC" (cuyas siglas quieren decir: moneda convertible) se creó para conseguir dinero fuerte.

A mi juicio yo creo que Ochoa fue víctima de un gran complot, como lo fue, en su momento, el comandante Hubert Matos que lo encarcelaron y cumplió 20 años tras las rejas. Pensé que a Ochoa le iban hacer algo similar, para sacarlo de circulación. Nunca imaginé que lo fueran a fusilar. Creo que ni el mismo Ochoa pensó en ello.

Aguilar: El general Ochoa gozaba de un gran prestigio entre los soldados que estuvieron con él en Angola.

Yánez Pelletier: Si, en efecto. Era de los jefes militares que regresaron de la guerra con muchos méritos y sin duda, los soldados lo querían.

El prestigio militar se adquiere en el mando. Ochoa era respetado por sus soldados, esos hombres que combatieron junto a él y que lo habían visto sudando la camisa con ellos, sin eludir los peligros, en las trincheras... Toda esa gente no vio con buenos ojos que a un militar de la talla de Ochoa lo fusilaran. A mí que no fui subalterno de él, me dolió que lo ejecutaran.

Si al gobierno le interesaba dar un escarmiento de tipo político, porque ese proceso fue absolutamente político, podían haberlo condenado a 10 ó 15 años. Desde luego, condena que no iba a cumplir porque ese régimen no va a durar tanto tiempo...

Aguilar: El mayor problema que tuvo el general Ochoa fue criticar abiertamente a Castro...

Yánez Pelletier: Por supuesto. El error fue ese, criticar al comandante que dirigió la batalla "victoriosa" de Cuito Cuenavale desde Cuba, con unos planos sobre la mesa. Fidel lo hizo como si estuviera en la Sierra Maestra, sin darse cuenta que aquella era una operación militar muy distinta en todos los sentidos.

Algún día se sabrá el precio de haber participado en esa guerra y el costo de ese error. Porque una de las cosas que más caro cuesta a un país es mantener un ejército fuera de sus fronteras, eso es casi incosteable. Esas, entre otras, son las causas de estos efectos que estamos padeciendo, y toda esta terrible situación económica.

¿Cómo no se preocuparon por hacer buen uso de los recursos? Esta es la consecuencia, el país se hunde en la miseria, día por día. Todos nuestros recursos se invirtieron en mantener un ejército colonial en Angola, y eso solamente lo pueden hacer las grandes potencias, con mucho dinero y, aún así, corren el riesgo de endeudarse.

Aguilar: Usted decía que el juicio de Ochoa se le pareció mucho al de Hubert Matos...

Yánez Pelletier: Sí. Era un Ochoa pensativo, a veces interesado, otras ausente por completo. A ratos movía la cabeza como si dijera "parece mentira que estén diciendo esas estupideces…" Fidel lo estaba mirando, sobre todo cuando Ochoa contestaba de una forma altanera. Quizás su actitud sirvió para que lo condenaran a muerte.

A Fidel Castro le gusta, a veces, hacer el papel del gran perdonavidas. Pero esta vez no lo hizo. ¿Por qué no lo hizo? Porque Ochoa había puesto en peligro su poderío y su control sobre el país.

Aguilar: Cuba enfrenta hoy la crisis económica más terrible en lo que va de siglo. ¿Cree usted que sea el turismo el encargado de sacarla de esta miseria?

Yánez Pelletier: "¡A Cuba no la saca de la miseria ni el turismo ni 20 pozos de petróleo!". Lo único que saca a nuestro país de su actual situación es que el señor Castro se dé cuenta de la realidad y decida abandonar el país. Quizás otra persona al frente de un nuevo gobierno podría lograr resolver la grave crisis que enfrentamos.

Yo estuve hace algunos días por Varadero y no creo que el turismo que vi allí sea el que va a sacar a la nación del pantano en que el castrismo la ha hundido.

Si seguimos así, ¡vamos a desaparecer del mapa! El turismo que visita Cuba está compuesto por personas de bajos ingresos, que miden cada centavo que se van a gastar.

*

Aguilar: Después de haber vivido en el centro de los acontecimientos políticos de su país, después de sufrir prisión por defender sus ideas y de haber padecido, en carne propia el experimento social de Castro y sus horrores: ¿Cuál es su opinión sobre socialismo?

Yánez Pelletier: El socialismo fue algo que, quizás, fue muy bonito en la teoría, pero la práctica demostró que no funcionaba. Además, el socialismo cubano resultó ser un fenómeno sui-géneris: un socialismo que nunca se ajustó a los principios teóricos, por el voluntarismo y los delirios de Fidel.

Para lo único que ha servido este sistema es para enriquecer a los dirigentes de turno. ¿Te acuerdas de Rumania? Mientras el pueblo estaba pasando necesidades Ceaucescu vivía como un rey, y así, en todas partes. El socialismo que implantaron en Cuba fue un ordenamiento social que no tenía , que nunca tuvo, ni pies ni cabeza; fue la versión personal de Fidel Castro.

A él no le sirvió de nada el fracaso de Stalin, que después fue desprestigiado por Krushev, quien por cierto, también corrió la misma suerte.

Todas las barbaridades, el culto a la personalidad, los desastres, la ineficiencia de estos personajes, a este señor no le han servido de nada y cayó en los mismos errores.

Aguilar: Cuba atraviesa, repito, el momento más dramático de su historia en lo que va de siglo. Parece estar en un callejón sin salida y, de hecho, lo está. ¿Cómo ve usted el futuro de nuestro país?

Yánez Pelletier: Aunque te parezca excesivamente optimista yo lo veo brillante, luminoso como esta tarde en que conversamos. Cuba saldrá de esta desgarradora situación, y saldrá adelante con la ayuda de los países amigos, con la ayuda de los cubanos que están en el exilio, con el desinterés de todos, con la fe, con el trabajo, con el amor de muchos cubanos dignos.

Hay muchos hijos de esta tierra que esperan el momento oportuno para venir a brindar todo su esfuerzo para reconstruir a la nación. Por eso yo veo luminoso el futuro de este país.

No importa cuán negros sean estos momentos, que es como una tempestad, que el cielo se pone negro y viene la tormenta, pero después, se ve que comienzan a despejarse las nubes y sale un sol brillante, y el cielo se pone lindo.

Así va a pasar en este país. El día que caiga este señor, bien sea porque su ciclo de vida termina o que abandone el poder, que sería lo ideal. Sin sangre sin venganza, sin nada que indique violencia, y que se traspase el poder de unos a otros, de una forma civilizada, entonces la luminosidad esa que yo te digo, la vamos a tener en toda Cuba. Vamos entonces a ser una nación con futuro porque Cuba es un país con mucho futuro.

Aguilar: Yánez, este es el primer libro, que yo sepa, que se realiza, dentro de Cuba, con una figura de la oposición de tanto prestigio como usted. Una de las cosas que más me ha impresionado es la claridad y el valor con que ha tratado los distintos temas. Me gustaría que reflexionara en torno a este tópico…

Yánez Pelletier: Mira, si yo he accedido a concederte esta entrevista, es para que tú traces un pequeño boceto sobre mí, no es porque me crea importante. Aquí hay muchas personas que tienen mucha más importancia, aunque no tienen la ventaja que tengo yo, de haber vivido varios procesos revolucionarios. Tengo 78 años, los voy a cumplir pasado mañana, y en ese tiempo he visto bastantes de los sucesos más trascendentales de mi patria en los últimos tiempos. Cuando se ha pasado por la vida uno no puede tener miedo de decir lo que vio, y como yo no miento, sino que tengo la suerte de tener mente fotográfica, y cuando me refiero a un tema determinado, cierro los ojos y me parece estarlo viviendo nuevamente.

Además tuve la suerte, de ver muchas cosas. Por ejemplo: Después del 10 de Marzo siendo ayudante del Dr. Miguel Ángel Céspedes que era el Ministro de Justicia, fui a una reunión que se celebró en la finca de Ramón Ermida, que era Ministro de Gobernación. Allí hubo un incidente violento entre Ermida y el Sr. Pablo Carrera Justi que era Ministro de Comunicación. Esa noche se reunieron todos los ministros con Batista que era el Jefe de Gobierno, que acababa de dar el golpe de estado. Iban a discutir, si se mantenía la Constitución del 40, o si se ponían unos estatutos. Estaba fungiendo como secretario en esa reunión, el Dr. y general del ejército Arístides Sosa Quezada, por el que yo he sentido siempre mucha simpatía. Conocía a su familia; sus sobrinos estuvieron conmigo en la Escuela de Cadetes.

Triunfó la tesis de los Arcones y se puso unos estatutos. Ese día cuando se discutió el punto de la autonomía Universitaria, Ermida se opuso a que se mantuviera la autonomía; Carrera Justi defendía la autonomía. Y en un momento de la exaltación de los ánimos Ermida dijo que los profesores Universitarios habían sido un poco regaladores de notas. Carrera Justi se paró como una fiera, dio dos manotazo sobre la mesa y le dijo a Ermida que él estaba equivocado, porque su padre había sido profesor de la Universidad y que jamás había regalado una nota.

Efectivamente, su padre fue muy honroso, era una luminaria de la judicatura en Cuba. Casi se van a las manos, Batista intervino, vinieron algunos ministros. Batista suspendió la reunión para comer, se sentó con Céspedes y conmigo en una mesa y le preguntó a Céspedes: "¿Qué tú crees sobre lo que ha pasado aquí entre Pablito y Ramón?" Céspedes le dijo: "eso se produce, Presidente, por el calor de las discusiones". Batista le dijo a Céspedes: "Bueno, te encargo a ti para que trates de echar aceite en este laguito que se ha encrespado". Después se sentó con otro ministro que era muy respetado: El Dr. Miguel Ángel de la Campa, amigo mío, suegro de Andrés Valgas Gómez. El Dr. De la Campa era una persona con mucho prestigio y cultura, además muy decente.

Cuando comenzó la reunión se acordó, mantener la autonomía universitaria.

Después vino Fidel Castro con la promesa de celebrar elecciones y restaurar la Constitución del 40, y nada cumplió, nos engañó, se burló de todo y de todos.

✳ ✳ ✳

Aguilar: Yánez, ¿Qué mensaje de fe y esperanza les enviaría usted a los cubanos, dentro y fuera de la Isla? Porque tanto unos como otros han sido víctimas de este sistema.

Yánez Pelletier: A los que están dentro de la Isla que no pierdan la fe, que sepan que más temprano que tarde el régimen terminará y va a terminar sin derramamientos de sangre. Yo pienso eso. Quizás sea una premonición atrevida pero la estoy haciendo, porque los cubanos no queremos sangre.

Ése es mi mensaje, que es el mensaje de quienes estamos aquí, que nos vamos a quedar aquí hasta las últimas consecuencias. Si triunfamos, bien; si quedamos en la lucha los que vengan detrás se ocuparán de lo demás.

Y a los que están fuera de la patria, a aquellos que se fueron, mis respetos. Sobre todo para los que siguen luchando por la libertad de Cuba y pienso, por ejemplo, en Jorge Mas Canosa, Vargas Gómez, Tamargo, Lincoln Díaz Balart, Ileana Ros-Lehtinen, Ricardo Boffil, Juanito Suárez Rivas, Jorge Vals, Hubert Matos y tantos y tantos otros que si me pongo a nombrarlos tendría que hacer una lista muy parecida a una guía telefónica, para no olvidar los nombres de magníficos luchadores por la democracia y la libertad de nuestra nación.

He mencionado algunos como una muestra. Muchos de ellos son amigos entrañables míos. Hombres que dejaron su vida en el exilio y no puedo dejar de recordarlos. al Dr. Prío Socarrás, al Dr. Antonio de Varona, al Dr. Miró Cardona, como al gran intelectual Leví Marrero, que murió recientemente; y así como tantos otros que quedaron en esta lucha. Viejos amigos como el general Cabrera, el general Pérez Lamera, que fueron oficiales dignos del ejército, además de aquellos que fusilaron, como Margollez, Vicet, Cueto, e Iglesias, que fueron grandes amigos míos en la escuela de cadetes, y después vi con dolor como los fusilaban. Como los que cayeron en Playa Girón, también personas muy cercanas a mí, como el teniente coronel León en fin, esos son los recuerdos desagradables que tiene el haber vivido mucho. Porque uno entonces recuerda a los muertos. A León, siempre alegre, atento, gentil.

A esos hombres que están allá, en el exilio, que no pierdan la fe. Que a Cuba le llegará, muy pronto, el día luminoso en que los cubanos que somos uno solo, nos vamos a reunir en este país libre de tiranos.

Y que piensen una sola cosa, que por los que dejaron la vida en esta lucha, y por los que todavía moriremos, aquí y allá, no permitamos que nunca más un tirano se adueñe del poder de este país.

HASTA PRONTO.

EPILOGO DEL AUTOR

Sobre la barbarie del régimen cubano, hay mucho por investigar y escribir. Poco a poco irá saliendo a la luz la verdadera imagen de Fidel Castro y sus seguidores. Ésta no es una empresa fácil en estos momentos, si se tiene en cuenta que muchos de los que participaron de forma directa o indirecta en estos hechos aún se encuentran en la Isla, y para nadie es un secreto, que se exponen a una terrible represión que les puede costar hasta la vida.

Hemos realizado un paciente trabajo de investigación, auxiliado por el Sr. Jesús Yánez Pelletier, indiscutible Líder de los Derechos Humanos en Cuba. Quien además es Vice Presidente del Comité Cubano Pro-Derechos Humanos en la Isla. Trataré de insertar mi modesto esfuerzo en tratar de desenmascarar a quien por casi cuatro décadas, ha arruinado el destino de todo un pueblo, mutilando lo más bello del ser humano: el derecho a la libertad, el derecho a la vida.

Fidel Castro trata por todos los medios de mantener a una dictadura que se sustenta en el odio, la mentira y el crimen.

Todo en Cuba es una gran farsa, una obra de teatro muy bien montada que dura ya 40 años. No está lejano el día en que caiga el telón por última vez, y quede al desnudo toda la verdad, que muchos dentro de la Isla conocen, pero que muy pocos se han decidido a poner al desnudo.

Llegará ese día luminoso del que habla Jesús Yánez Pelletier, en que las páginas más conmovedoras del diluvio Castrista, sean escritas en su verdadera dimensión por sus auténticos protagonistas, y es entonces cuando aumentará el dolor para muchos que, pudiendo contribuir a frenar esa barbarie se han mantenido como meros observadores, enarbolando la doble moral, que tanto ha degradado a este pueblo.

En casi 40 años transcurridos, Cuba se ha convertido en uno de los países más pobres del planeta. Las epidemias, el hambre, la represión, el terror, y el crimen, son el pan de cada día; y sin embargo no hemos perdido la esperanza de que, muy pronto, saldrá un rayo de luz que ilumine el presente de sombra que nos ha tocado vivir. Y entonces, podamos, al fin, comenzar a reconstruirnos, primero, para después reconstruir al país.

Aunque pasará mucho tiempo para que desaparezcan las secuelas que va a dejar esa terrible ideología. Esto no sólo en lo económico que puede ser solucionado en un periodo más o menos corto con una buena inyección de capital e inversiones que reemplace la tecnología obsoleta que heredó nuestro país del ya desaparecido "Campo Socialista" e ir logrando gradualmente un desarrollo científico técnico capaz de conducir al país a lograr niveles de producción acorde con los requerimientos actuales.

Lo que sí será difícil de superar, es el daño al ser humano. El pueblo cubano ha vivido momentos tan terribles que jamás podrán ser borrados de su memoria; gran parte de la población sufre afectaciones que son ya irreversibles.

Pidamos a Dios porque desaparezca muy pronto de la faz de la tierra la pesadilla del comunismo, y con ello, todo tipo de dictaduras. Roguemos porque así sea, para evitar males mayores.

A continuación presentamos un resumen que ilustra los temas tratados en la entrevista realizada al Sr. Jesús Yánez Pelletier, quien fuera Capitán Ayudante de Fidel Castro en aquellos primeros tiempos, posteriores al triunfo de los rebeldes, cuando parecía que se estaba inaugurando la libertad. Desde entonces Cuba comenzó a vivir el más terrible de sus períodos. Todos estos años han estado marcados por el terror, la muerte, la traición y la mentira.

**

La información que brindamos a continuación, la ilustramos con fotos que fueron logradas recientemente en Cuba. Lo que le dará una idea más acabada al lector, de la terrible situación por la que está atravesando el pueblo cubano.

Situación generada por un régimen sin escrúpulos, cuyo único objetivo ha sido mantener por medio de la fuerza una ideología que sólo ha traído al mundo miseria y dolor.

Fidel Castro no quiere reconocer bajo ningún concepto su fracaso político. En estos momentos el pueblo cubano sabe muy bien, quiénes son los responsables de su sufrimiento, y su mayor deseo es poderse liberar de ese calvario tan pronto como le sea posible, y poder elegir libremente el destino de la patria, que en definitiva es nuestro propio destino.

Fuentes de información: Colegio Médico Cubano Independiente, Boletín del Comité Cubano Pro-Derechos Humanos, otras fuentes … Especial reconocimiento para los que sacaron este material de Cuba, a riesgo de su propia vida. Por medidas de seguridad no es posible revelar su identidad en estos momentos. Esto es sólo una síntesis. Juzgue el lector por sí mismo.

Dentro de la involución que ha caracterizado el devenir histórico de los hermanos Castro, que se extiende a 40 años, descolla sin dudas lo que ha sufrido la capital de La Habana, hermosa y atractiva antaño, hoy semidestruida y convertida en masa ruinosa y pestilente.

Las no tan numerosas y menos talentosas obras de las cuales se ufana este desgobierno, no alcanzan para ocultar de ojos perspicaces el desastre que cada día es más evidente, y que ahora trataremos en detalle, haciendo extensiva nuestra exposición a la provincia de Pinar del Río, y en especial a su ciudad capital.

CIUDAD DE LA HABANA

La Ciudad de La Habana tiene una población de casi 3 millones de habitantes. Sus costos de funcionamiento son superiores a los de cualquier ciudad con similar número de habitantes, debido a la inefectividad de sus infraestructuras técnicas (electricidad, gas, agua, transporte, etc.) agravados por serios problemas en la vivienda.

El estado medio-ambiental de la ciudad es crítico en general, aunque sólo describiremos los puntos álgidos que son de inexcusable atención inmediata.

El Agua

La gran mayoría de los ríos y arroyos de la capital están contaminados y sus aguas no son aptas para el consumo. Buenos ejemplos de esta situación son los ríos Almendares, Cojímar, Luyanó y Quibú, las excesivas cargas de deshechos orgánicos y químicos a que se han visto sometidos durante más de 30 años, han reducido a casi cero, su limitada capacidad de autodepuración, lo que ha originado la desaparición de más del 90% de las especies que los poblaban.

El suministro de agua a la ciudad proviene de 3 grandes fuentes:
- Cuencas subterráneas (88%)
- Aguas superficiales reguladas (4%)
- Captación directa de ríos (7%)

Se puede deducir el gran riesgo de contaminación a que está expuesta la población.

No menos preocupante resulta el estado crítico de los acueductos: Los 33 sistemas de la capital con 3,800 Kms. de conductoras y redes, de los cuales más de 1,800 Kms. se encuentran en estado deplorable, sólo 430 están en condiciones aceptables. Más del 88% del sistema está dañado, lo que se agrava por una irresponsabilidad manifiesta en el manejo del agua. Los sistemas están sólo parcialmente interconectados y esto, unido a la carencia de tanques de regulación y reserva, impide la entrega de agua a miles de usuarios y en los casos en que se logra es en forma discontinua, provocando pérdidas de entre el 25 y el 45% del total bombeado.

En las cuencas de Vento, Jaruco-Aguacate, Cuenca Sur y Ariguanabo, con un consumo total aproximado de 368 millones de metros cúbicos en 1988, existían índices moderados de contaminación orgánica y química, cosa ésta muy crítica en estos momentos.

Como resultado del incremento caótico y no planificado de construcciones, en la cuenca de Vento ha disminuido el área de infiltración.

En la cuenca costera Norte Jaimanitas y Santa Ana, se registran altos índices de salinidad y sus aguas no son siquiera utilizables con fines agrícolas.

El ejemplo que mejor evidencia lo anterior es la aparición, cada vez más frecuente, de epidemias de transmisión hídrica como son giardiasis, amebiasis y hepatitis.

De las 202 instalaciones que contaminan las aguas superficiales y subterráneas, 94 necesitan inversiones que implican cambios profundos en sus tecnologías de producción y tratamiento residual, 40 deben ser reubicadas, 36 tienen que ejecutar tratamientos locales, y 32 requieren mantenimiento intensivo en los órganos de tratamientos existentes.

El Mar

La contaminación marítima aqueja sobre todo la costa norte de La Habana, que ya se hace extensiva a la concurrida y turística zona de Matanzas y Varadero.

Según un comunicado dado a conocer en julio de 1994, la directora de Epidemiología del Ministerio de Salud Pública de Cuba reconoció que el litoral norte de La Habana se encontraba afectado por un alto nivel de contaminación. En ese documento se hace especial énfasis en el tramo comprendido entre la desembocadura del río Almendares y la bahía de La Habana, además de que se advierte a la población que acostumbra a bañarse en esa zona, del peligro de contraer enfermedades de transmisión hídrica, como diarreas, tifoidea, infecciones en la piel, nariz, ojos, oídos, etcétera.

La Asociación Medio-Ambiental Cubana, ha denunciado en repetidas ocasiones la situación del grave deterioro sanitario, en que se encuentra esta región costera. Según un estudio de esa asociación la contracorriente del litoral norte, que viaja de oeste a este, impulsa la contaminación desde el Malecón hasta las playas del este, situación que se agrava por las aguas residuales que se arrojan sobre esa área desde Cojímar, Boca de Jaruco, Santa Cruz del Norte, Camarioca, y la bahía de Matanzas con rumbo a Varadero.

Aún para observadores poco avanzados en estas cuestiones ecológicas, salta a la vista enseguida el gran peligro que entraña incentivar el turismo en una zona de estas características, tal y como lo está haciendo de forma irresponsable el gobierno de Cuba, sin tener todavía una respuesta razonable para reducir la contaminación fluvial y marítima.

La Atmosfera

En los últimos años se ha incrementado en la capital del país la concentración de polvo y humo, como consecuencia de derrumbes, acumulación de basura, materiales de construcción desprotegidos, camiones, autos y autobuses cuyas bombas de inyección están defectuosas. Sobre esto último es de notar que no existe una cultura de reparaciones primordiales, excepto para los autos y camiones del turismo. Aun así, casi todos los choferes de esos vehículos se dedican a lo que los cubanos llaman "cacharreo", que significa reparar con cualquier material como alambres, pedazos de metal, sogas, y un largo etcétera…

Alrededor de 100 industrias vician el aire de La Habana, y aproximadamente la mitad de ellas no presentan ninguna solución tecnológica para este problema, por lo que, en buena ley, deberían ser desactivadas.

Las termoeléctricas, fundiciones, plantas de gas y refinerías se destacan como focos contaminadores de gran agresividad. Los indicadores muestran mayor afectación por humo, polvos y gases en las barriadas de Luyanó, Cerro, Regla, La Lisa, Habana Vieja y Centro Habana.

Areas Verdes

La repoblación forestal, que en el año 1990 alcanzaba la cifra de 74,3% (2,216 Hectáreas) se ha reducido sensiblemente sólo 5 años después. El indicador de relación de 11,3 M^2 por habitante es desproporcionado, correspondiendo 1,9 M^2 por habitante a los municipios centrales y 25 M^2 por habitante a los municipios periféricos.

La cada vez más acuciante necesidad de conseguir algún tipo de combustible ha incrementado la tala indiscriminada, hasta niveles preocupantes.

Esos factores combinados pueden ser la causa de la reducción dramática de la áreas verdes que son, en principio, las fuentes naturales que reducen en gran medida, la contaminación y moderan las oscilaciones térmicas.

Drenaje

No existe una correcta distribución del drenaje, y las principales vías de escurrimiento natural han sido cortadas por el avance urbano. Este hecho sumado a desbordamientos de ríos y al deplorable estado técnico de la red de alcantarillas, así como a la ausencia de drenaje natural, en muchas zonas ha provocado un considerable aumento de las inundaciones. Las áreas inundables alcanzan las 6,000 hectáreas, que representan casi el 10% de la superficie total de la provincia, lo que constituye un área insalubre potencial.

La mezcla del agua potable con los deshechos orgánicos del sector residencial es frecuente ya que la red de tuberías está seriamente dañada y los mantenimientos casi no se producen.

Sólo el 50% de la población se beneficia con el sistema de alcantarillado. La estructura principal de esta red fue proyectada en la segunda mitad del siglo XIX, con una capacidad para 400,000 habitantes, lo que contrasta con los más de 2 millones que abarrotan hoy sus agotadas instalaciones, sobre todo en la zona central de la capital.

El 90% del alcantarillado no funciona o lo hace en forma defectuosa, por lo que las inundaciones han alcanzado zonas que nadie recordaba haberlas visto bajo las aguas.

El Malecón se ha visto afectado, de igual forma, por penetraciones del mar que han sobrepasado la calle Línea, a casi 100 metros del mismo.

El gobierno reiteradamente ha achacado las cuantiosas pérdidas por este concepto a la magnitud de los sucesos meteorológicos, y a la posición del muro, pero la cruda realidad es que todo se debe a la pésima situación del alcantarillado y a la ineficiencia del sistema político para solucionar los problemas.

Vertederos

LOS 2 PRINCIPALES VERTEDEROS DE LA CAPITAL son los de Guanabacoa y el de la calle 100, que comenzaron a funcionar en 1975 y a los que se les pronosticó una vida útil de 10 años. Sin embargo, 23 años después continúan funcionando a pesar de serios problemas de operación y sobre saturación. Ambos vertederos deberían ser reubicados de inmediato, aunque nada se vislumbra en este sentido.

La generación de basura per cápita, en las condiciones en que vive la población cubana, actualmente, no debe sobrepasar los 0,7 Kgs., cifra que es considerablemente moderada, por lo que se infiere que los problemas son, en lo fundamental, debidos a la ausencia de medios de transporte para recolectar los desperdicios de los hogares y las industrias. Todo ello se deriva, de la ineficiencia y desinterés del gobierno para darle respuesta a las necesidades del pueblo.

Esta situación propicia el depósito de grandes cantidades de basura en sitios donde se han producido derrumbes y, por tanto, la consiguiente multiplicación de vectores. Debido en parte a esto, y en parte a la práctica cada vez más generalizada de sembrar arroz en las cercanías de desagües albañales para aprovechar esas aguas como regadío barato.

En la Isla hay una verdadera explosión de brotes de leptospirosis. En Cuba, antes del año 1977 esta infección bacteriana era excepcional, pero hace aproximadamente 10 años, el crecimiento del número de brotes es preocupante. La capital, no aparece entre las provincias más afectadas aunque en el período 1982–1986 se reportaron 77 casos de esta enfermedad. Ahora se conoce que hay tendencia ascendente.

La Bahia

La bahía de La Habana presenta el mayor movimiento portuario del país, aunque se destaca mucho más por su nivel de contaminación, lo que la sitúa entre las más dañadas del mundo. Contribuye al gran deterioro de esta zona, la cantidad de deshechos orgánicos y químicos que vierten en sus aguas las corrientes superficiales, así como los residuos de petróleos que son, generalmente, mal manejados, y también los llamados "graneles" (fertilizantes). En 1990 la bahía recibía el impacto diario de 300 toneladas de materia orgánica y más de 40 toneladas de hidrocarburos.

La Vivienda

Debido a la irregular distribución de materiales y a la desviación, cada vez mayor de los pocos que se producen para el sector del turismo, la situación de la vivienda en casi todos los municipios está en franca bancarrota. Descolla La Habana Vieja sobre todos los demás, por ser una zona en que las construcciones ya datan de siglos.

Vemos con creciente preocupación cómo se suceden los derrumbes, y algunos edificios que son demolidos con urgencia no presentan alternativas de sustitución para las familias que los habitan, las cuales tienen que reubicarse, con carácter provisional, en lugares que son pequeños campos de concentración. En puntos tan céntricos como el residencial El Vedado, más del 30% de las viviendas necesitan reparación urgente, y otros 15% adicional requiere algún tipo de arreglo.

Las llamadas *barbacoas** entrepisos, proliferan por doquier, aumentando el hacinamiento y el riesgo de derrumbe. Sin duda las familias que allí viven están expuestas a un peligro constante si se tiene en cuenta que esas construcciones que habitan datan de siglos, y hace ya más de 30 años que no reciben mantenimiento ni reparación. Esas barbacoas se pueden ver por miles en todo el país, pero fundamentalmente en el Municipio de La Habana Vieja. "Hoy patrimonio nacional".

---

* BARBACOAS. Entrepaños de maderas y otros objetos... que se construyen preferiblemente en arquitecturas de estilo colonial ya que sus paredes son más altas que la mayoría de las edificaciones actuales. Su objetivo: lograr más capacidad habitacional. Se divide la altura de la vivienda en dos partes, y se fabrica algo así como una tarima que se utiliza como dormitorio.

En resumen, y salvando las diferencias que en este sentido existen entre los diferentes municipios, podemos calificar la situación de la vivienda como caótica, lo que agrava aún más el cuadro ya de por sí desolador de los habitantes de la Isla.

✲

En resumen: La situación de La Habana en general, está tan depauperada que resulta muy difícil determinar la verdadera cuantía de la afectación, y cuáles factores predominan con más fuerza. Lo más probable es, que todos los factores actúen de forma combinada.

Los municipios más críticos son: Habana Vieja, Centro Habana y San Miguel de Padrón, por su gran densidad de población. En estos lugares la economía de subsistencia a la que está obligada la casi totalidad de la población, alcanza niveles drásticos (en un edificio de varios pisos resulta extremadamente difícil encender una fogata para cocinar las escasas provisiones.)

Criar cerdos en una bañera resulta extremadamente antihigiénico, pero los cubanos están obligados a sobrevivir, y el costo para lograrlo es extremadamente elevado.

En estos momentos no existen alternativas para la población. En fin, todas las condiciones están creadas para la aparición de epidemias masivas y pensamos que es inútil hablar de soluciones sin un cambio de sistema político, que en definitiva ha sido el principal gestor de esta catástrofe.

La falta de talento para resolver los problemas de la nación, el autoritarismo la corrupción y la mentira, han condenado al pueblo cubano a sufrir un nivel tan elevado de restricción, que han situado a Cuba, entre los países con mayor índice de pobreza en el mundo.

La capital del país hoy esta convertida en una gran masa ruinosa y pestilente. Depósito de grandes cantidades de basura en sitios donde se han producido derrumbes, genera la multiplicación de vectores. En estos momentos hay una verdadera explosión de brotes de leptospirosis y las condiciones están creadas para la aparición de epidemias de incalculable magnitud. Lo más triste es que no se puede hablar de solución a esa terrible problemática, sin antes producirse un cambio de sistema político, que en definitiva es el único responsable de la terrible situación que allí se vive.

Edificio de la capital del país, semi-destruido, en peligro de derrumbe. En él habita un gran número de familias, que no tienen en estos momentos otra opción que la de vivir en un constante terror, pensando que de un momento a otro, pueda producirse una catástrofe.

La situación de la vivienda en todas las provincias del país es sumamente critica, y no se avizora solución a esa terrible problemática. Los materiales de la construcción, son desviados casi en su totalidad al sector del turismo. Ese es un sector priorizado por el gobierno. Es el turismo una de las principales fuentes de ingreso con la que cuenta el régimen para mantenerse en el poder.

En la foto, se ve claramente cuáles han sido los resultados de ese sistema que se proclama ante el mundo, como una de las obras más perfectas, prósperas y humanas creada por el hombre. Juzgue el lector por sí mismo...

Vista parcial de unas de las zonas más céntricas de la capital del país. El Paseo del Prado, lugar hermoso y atractivo antaño, hoy una zona en ruinas, donde ambulan de vez en vez algunos turistas que se lamentan del estado de esas edificaciones. ¿Cuál será el destino de esas obras arquitectónicas, que fueron orgullo de los cubanos y deleite de los forasteros?

Bella arquitectura estilo colonial, en Cárdenas, provincia de Matanzas. Hoy convertida en una ruina más. No por el paso del tiempo, sino por la mala política del actual gobierno con relación a la reparación y conservación de esas obras históricas.

Vivienda situada en la playa de Varadero. Lugar muy frecuentado por el turismo internacional. No es precisamente una cabaña para turistas, sino una casa de familias, que como el resto del país también sufre el desinterés de las autoridades del régimen por su restauración.

Habitación confortable, reservada al área dólar, destinada al turismo internacional, contrasta con las construcciones semidestruidas habitadas por los cubanos, que solo hacen remiendo a sus viviendas, y otros se ven obligados a vivir en barbacoas y lugares inhabitables, construidos por ellos mismos con retazos de madera, cartón, y otros desechos. Es el turismo internacional en estos momentos, el renglón fundamental con el que cuenta el régimen para tratar de perpetuarse en el poder.

Los medios de transporte en la Isla, han retrocedido a más de un siglo. El coche tirado por caballos y las bicicletas son el pan de cada día para los cubanos que se trasladan a larga distancias en esos medios para poder ir a sus trabajos. Esa trayectoria se hace sin ingerir alimento alguno, ya que más del 90% de nuestro pueblo sale del hogar sin poder desayunar. Los niños no escapan a esa situación. Ellos van para sus escuelas tal como se acostaron, ya que solo reciben leche hasta los 7 años de edad.

PINAR DEL RIO

Escojo para analizar brevemente la provincia más occidental, Pinar del Río, porque es una de las de mayor extensión territorial en el país, que constituye lo que pudiera considerarse un paraíso potencial, en cuanto a recursos y posibilidades, con una población de alrededor de 800 mil habitantes y porque ofrece una envidiable relación áreas verdes-habitante. Estas enormes potencialidades se ven frustradas por la falta de gestión de los diferentes equipos gobernantes (del mismo régimen) que se han sucedido en la provincia, y por la deficiente manipulación de recursos y presupuesto estatal, lo que al parecer es la tónica de rutina en un sistema caracterizado por la ineficiencia y la corrupción.

La capital de esta provincia, el municipio de Pinar del Río, que incluye los poblados de Las Ovas, La Coloma y La Conchita, cuenta con sólo 290 mil habitantes. No obstante esta cifra, que en material de servicios e infraestructura es mucho más manejable que, por ejemplo, la población de Ciudad Habana. No escapa al desastre y miseria en que vive el resto del país. La hambruna, la casi total ausencia de transporte público, el maltrato en los hospitales unido a la falta de higiene y medicamentos y las continuas interrupciones en el fluido eléctrico, etcétera, hacen de esta provincia un centro de miseria inexplicable...

Muy poco hace el régimen para tratar de aliviar en algo el sufrimiento y dolor de los cubanos, que día tras día ven como las constantes promesas de Castro no han sido más que una patraña para mantenerse en el poder, lo cual es una burla a la dignidad humana.

Agua

La principal fuente de abasto de agua a la población de Pinar del Río, son los 12 pozos situados en el Kilómetro 10 de la carretera a La Coloma, los que producen un volumen de 30 millones de M^3 anuales que abastecen mediante 2 conductoras al 90% de la población.

El agua de estas fuentes se mezcla en la red de distribución con la de otros 6 ó 7 pequeños pozos llamados de inyección, de los cuales los más importantes son: Hermanos Cruz, Alturas de la Central, Reparto 10 de Octubre y Conchita 1 y 2. En esta red de distribución existen zonas de serias averías, como la zona del reparto Hermanos Cruz, donde en agosto del año 1994 hubo un brote de EDA (Enfermedad Diarreica Aguda) que estuvo por encima de todas las tasas alcanzadas en los 5 años anteriores. Además hubo una epidemia significativa de hepatitis A, que se hizo extensiva al reparto Villamil de la propia ciudad, donde también hay un área de gran afectación de distribución hidráulica.

Es un hecho comprobado que, por lo menos en áreas del reparto Hermanos Cruz, hay mezcla del agua potable con las albañales y residuales, lo que explica el surgimiento de diversas enfermedades.

Otros sitios de roturas con posibles mezclas de aguas albañales, está en la calle Vélez Caviedez, una de las zonas más céntricas de la ciudad.

Mención aparte merece la región montañosa de la carretera a Luis Lazo, donde viven más de diez mil personas, tradicionalmente abastecida por un anticuado acueducto que funcionaba por gravedad y que, dado el acelerado crecimiento urbano, se hizo insuficiente a tal punto de tener que suspender su funcionamiento. En el momento de quedar fuera de servicio se hizo presente "la varita mágica" gubernamental y apareció el acueducto Kilo 5, sólo que éste toma sus aguas de la presa Guamá, que acumula una gran cantidad de deshechos orgánicos, de ganado. Además un buen número de personas se bañan en ella.

Aunque esa fuente ha sido declarada no apta para el consumo humano, pero no se vislumbra una solución para ese grave problema. El abastecimiento por pipas, que es la única alternativa razonable a corto plazo, no se cumple ni siquiera al 20%.

En resumen, un panorama espeluznante que costará mucho cambiar a corto plazo.

Drenaje

LA ÚNICA OBRA QUE SE HA CONSTRUIDO con alguna seriedad en la ciudad, es la conductora de alcantarillado a cielo abierto situada en el reparto Hermanos Cruz, que redujo sensiblemente las inundaciones de ese sector residencial. Esta obra se realizó hace aproximadamente 15 años, Después, cualquier débil intento en este sentido ha quedado, prácticamente, en palabras. Prueba de esto es el deplorable estado de la red de alcantarillados, que desempeña un papel importante para evacuar los deshechos del sector residencial e industrial.

Existen dos sistemas de alcantarillados en la ciudad: el Galeano y el Río Guamá. Antes de seguir adelante debemos aclarar que la distribución del alcantarillado no se comporta de la misma forma que el acueducto, y aunque se cruzan en varias zonas, el alcantarillado es mucho más irregular ya que cada vecino, de acuerdo a sus necesidades, agrega un tubo aquí, y una sección de manguera allá, lo cual crea tremenda confusión al intentar reparar una vía.

El Arroyo de Galeano, cuya denominación por los medios oficiales de "Canal Galeano" es un eufemismo, toda vez que a éste, de canal, ya no le queda nada. El canal está situado en la zona Oeste de la ciudad, éste se caracteriza por el mal funcionamiento y el avanzado estado de deterioro en que se encuentra.

Hace más de 30 años una comisión ecologista de la provincia logró con encomiable esfuerzo, que se enlozara el canal. Se situó una conductora adicional que canalizaba los excesos de flujo en situaciones anormales.

Con el decursar del tiempo, las lozas del canal fueron desapareciendo, y hoy en día hay que andar bastante para ver una de ellas. La conductora adicional se tupió (recuérdese la casi total ausencia, de todo tipo de mantenimiento). Podemos considerar que este sistema está en estado crítico, sin contar las roturas que afectan a las conductoras.

El otro sistema de evacuación lo constituye el río Guamá, al que se le construyó una conductora a cielo abierto de aproximadamente 800 metros, que evita en algo las inundaciones en ciertas zonas del reparto Hermanos Cruz, y el reparto Carlos Manuel, pero que requiere con carácter urgente rectificación en sus márgenes, dragado e instalación de dos conductoras adicionales de descargue adelantado.

Hace aproximadamente 20 años cobró vida un proyecto que era apoyado por varias figuras de la "dirigencia", entre ellas el comandante Julio Camacho Aguilera que en ese entonces era el primer secretario del Partido Comunista en la provincia de Pinar del Río. El plan contemplaba la construcción de un canal, rectificación de las márgenes del río e instalación de dos conductoras de descargue adelantado con algunas otras modificaciones, que mejorarían considerablemente el drenaje del área.

El proyecto fue desechado sorpresivamente, según la "alta dirigencia", por tener un presupuesto muy elevado, a pesar de que el canal serviría para evitar las inundaciones y para entrenamiento de remo y kayac. En cambio se construyó, con un considerable costo, una conductora que, saliendo del río Guamá, cruza la carretera a La Coloma (zona no considerada catastrófica en cuanto a inundaciones), atraviesa la granja citrícola Enrique Troncoso, descargando toda la contaminación, tanto orgánica como química, arrastrada por el río, en la presa El Punto, cuyas especies acuáticas son utilizadas para el consumo de la población.

Muchas viviendas drenan directamente en ríos y cañadas por no poder integrarse a la red de alcantarillado. Ello sin duda aumenta la contaminación de esas fuentes.

Hay más de mil fosas rebosadas, y existen sólo 2 carros especializados para evacuar los desechos, alcanzando solamente a resolver el 25% o menos de las necesidades, profundizando con ello el sombrío panorama, que de por sí es cada día más crítico.

Debido a la necesidad de conseguir alimentos básicos, en una economía de subsistencia cada vez más precaria, vemos proliferar por doquier sembrados de arroz en lugares de acumulación de aguas albañales, huertos regados con estas aguas, puercos criados en bañeras (dentro de las propias viviendas) y otros mil horrores que conmoverían hasta al más indolente. Ello sin duda, lleva al aumento incontrolable de enfermedades que hace sólo unos años eran controlables, como la leptospirosis, giardiasis, amebiasis, fasciola hepática etc.

Areas Verdes

A PRIMERA VISTA LAS ÁREAS VERDES en la provincia no han sufrido cambios substanciales, sin embargo en un examen detallado notamos que las zonas de bosques, sobre todo en las regiones montañosas, sufren la más despiadada tala mientras que el plan de repoblación ha ido deteniéndose paulatinamente y en la actualidad está en franco retroceso. Podemos citar, como ejemplo ilustrativo, la zona Niceto Pérez Rangel, donde una pequeña carga de madera alcanzaba precios que fluctuaban entre los 60 y los 100 pesos, lo cual estimula enormemente la actividad de traficantes inconscientes, trayendo como resultado gran afectación en una extensa zona boscosa de más de mil hectáreas.

Es un ejemplo representativo pero no el único en Pinar del Río. Hay que mencionar además los carboneros ocasionales y las instancias estatales que usan madera en sustitución del combustible.

Si no se controla a tiempo esa práctica irresponsable, estamos a las puertas de presenciar una catástrofe en la flora y la fauna, provocando consecuencias incalculables a la vida humana.

El Mar

LA CONTAMINACIÓN DEL MAR en Pinar del Río, a simple vista no tiene la dramática situación de otras provincias como La Habana y Matanzas, pero algunos hechos llaman la atención. La casi ausencia de especies, como langostas y bonitos, de forma recurrente desde hace 15 años, es un signo de alerta de que algo sucede. Se debe investigar para encontrar las causas de ese fenómeno, pero nada se ha hecho y se continua ignorantes en cuanto a esto, lo cual puede ser, y de hecho lo es mucho más peligroso.

La Vivienda

ALCANZAR UNA VIVIENDA, aunque esté ubicada en uno de los barrios insalubres es casi una quimera irrealizable. La situación tiene rasgos dramáticos si se trata de reparar, aunque sea, una habitación. Casi el total del volumen de materiales de construcción producidos en la provincia o traídos desde La Habana son destinados al sector del turismo, y el restante es controlado por el Comité Provincial del Partido para sus obras priorizadas.

Gran número de viviendas permanecen a medio construir, y muchas de ellas constituyen guarida natural de infinidad de roedores, insectos y otros vectores que incrementan la aparición de epidemias.

✳ ✳

CONSIDERACIONES FINALES

DEBEMOS HACER NOTAR que la situación de la ciudadanía es desesperada, la economía de subsistencia y los errores de la infraestructura del régimen la agreden por todos los flancos. Pero el pueblo de Cuba poco sabe de las cosas anteriormente expuestas. Los mecanismos diabólicos del Partido Comunista mienten, ocultan, tergiversan, y cometen cuantos fraudes se les ocurra para encubrir el fracaso de un proyecto social que sólo ha traído miseria, sufrimiento y dolor.

La única preocupación del régimen es: que se hable bien de su "obra" y de las "conquistas del socialismo en Cuba". Si para ello hay que deformar la realidad, no importa; lo fundamental es que no se escriba o hable nada que pueda empañar ese montaje. Hay que hablar de "logros" de sobrecumplimientos fantasmas en la producción, del "poderío de las Fuerzas

Armadas y del Ministerio del Interior" y como constante, hacer muchas anécdotas sobre las "bondades y capacidad" del "Máximo líder" para dirigir "la guerra de todo el pueblo…"

¡Qué ajenos estuvimos muchos con relación a la verdadera naturaleza de ese engendro!

El control total de los medios de información por parte del régimen no tuvo otro objetivo que dirigir y manipular la información para que el mundo no tuviera acceso a la verdad.

La lucha fue iniciada por profesionales de la información que tuvieron la capacidad necesaria para avizorar con extraordinaria prontitud, hacia dónde se dirigía ese proceso, que se presentó ante Cuba y el mundo, como una obra que superaba todos los pronósticos terrenales. Muchos de esos profesionales sufrieron prisión, torturas y todas formas de humillación jamás imaginada. Y no tuvieron otra opción que el exilio forzado.

La lucha para romper con la censura de la información, se ha logrado en gran magnitud, por el apoyo recibido desde los Estados Unidos, por las emisoras Radio Martí, La Voz de la Fundación, La Voz del CID, Radio Mambí, etc.

Pero hemos tenido que pagar un costo excesivamente elevado en estos 40 años, faceta imposible de borrar de la historia, de nuestras mentes. Es muy difícil encontrar un calificativo para identificar el tiempo vivido por los cubanos desde el 1ro de enero de 1959 hasta nuestros días. Estos años serán recordados por las generaciones con horror y hasta con miedo.

Las heridas morales, las llagas éticas y deformaciones que han dejado en nosotros cuatro décadas de dictadura comunista, no se pueden borrar de hoy a mañana.

Estos años vividos nos van a servir de lección. Es cierto que ha sido una lección bien amarga y costosa. En estos casi 40 años de poder Castrista, se ha vivido en un constante terror, infinidades de cubanos amantes de la libertad, de la justicia social, y de la vida, han sido fusilados y otros han cumplido y cumplen largas condenas de prisión en condiciones sumamente precarias, ¿Cuál ha sido su delito? Su único delito, amar, soñar, defender su patria, su bandera, su dignidad y desear un mundo mejor, como el que soñó Martí, "para el bien de todos".

Esas son las llamadas "bondades" y "conquistas" de un maquiavélico sistema, que hoy pretenden defender y justificar algunos jefes de estado y de gobierno, otras "personalidades" y hasta "cubanos" algunos de ellos testigos directos de esos atropellos, que se extienden hasta nuestros días. ¿O es que la historia ya no cuenta y se puede emborronar y borrar por arte de magia? ¿Cómo es posible pedir un acercamiento con el verdugo en el poder ?

Se nos pide que olvidemos. ¿Se pude olvidar lo "vivido" desde el inicio mismo del año 1959? ¿Se podrá olvidar el criminal hundimiento del Remolcador 13 de Marzo* materializado por las autoridades del régimen, donde asesinaron 41 cubanos indefensos que iban en busca de la ansiada libertad; entre ellos 23 niños? (Estos cadáveres no fueron rescatados del fondo del mar para darles cristiana sepultura. Las autoridades cubanas lo impidieron)

---

* Remolcador 13 de Marzo: Embarcación hundida el día 13 de julio de 1994, a escasas 7 millas de la Ciudad de La Habana. Con esa masacre las autoridades cubanas impidieron que esas familias llegaran a las costas de La Florida en busca de libertad. Para materializar tan abominable acto utilizaron dos barcos contra incendio y un guardacostas de la Marina de Guerra. Embistieron al barco y lo hundieron. La mayoría de los niños murieron, cuando fueron arrebatados de los brazos de sus madres y barridos de la cubierta del barco donde viajaban, hacia el mar, por la proyección del agua a presión de las mangueras de las embarcaciones utilizadas por el régimen.

Más recientemente, el 24 de febrero de 1996, el dictador cubano dio la autorización para que unos de sus aviones MiGs, asesinaran a Armando Alejandre Jr., Carlos Costa, Pablo Morales y Mario de la Peña. Cuatro pilotos de Hermanos al Rescate*, que sobrevolaban en sus avionetas el estrecho de la Florida, arriesgando la vida precisamente para dar vida, cosa que no ha hecho nunca el régimen de Castro en sus cuatro décadas de "gobierno" que solo ha causado, muerte, miseria y dolor.

Nunca antes nuestro pueblo había vivido un luto tan prolongado y recibido una dosis de odio y violencia de esa magnitud.

Hoy suman millones los hijos de nuestra tierra obligados al exilio, mirando día tras día, para el horizonte, con los ojos fijos en ese punto de donde un día salimos, soñando siempre con un pronto regreso a nuestra tierra, que en muchos casos no se producirá ya más por ley de la vida.

---

*Organización humanitaria, con base en Miami, FL, integrada por cubanos dignos, su única arma es el amor por la vida, por sus hermanos, por su patria. Su misión, brindarle ayuda a los cubanos que tratan de escapar del tirano, atravesando el estrecho de La Florida en frágiles embarcaciones. Hoy ese lugar es un gran cementerio donde reposan para siempre miles de cubanos que han perdido su vida en la travesía.

Es allí donde tenemos a los seres más queridos, los recuerdos de la infancia, nuestras tradiciones, nuestra cultura, nuestra patria. "Ese es el mayor tesoro que nos dio la vida. Luchar por él con toda nuestra fuerza, debe ser el objetivo fundamental de todo cubano, Lograrlo, nuestra meta".

"LA VIRTUD DE UN SER HUMANO NO ESTA EN LA TOLERANCIA PARA RESISTIR Y ESPERAR, SINO EN SU FE Y VALOR PARA LLEGAR A LA META DESEADA".

Jorge Aguilar

✳ ✳

SINTESIS CRONOLOGICA DE LA VIDA DEL SR. JESUS YANEZ PELLETIER.

1917 • Nace en la ciudad de Cárdenas, Provincia de Matanzas, Cuba.
1922 • Aprende las primeras letras con la maestra Clarita Villegas.
1929 • Continúa sus estudios en las escuelas públicas.
1932–1933, Recibe clases de mecanografía y pintura.
1937 • Ingresa en el Instituto de Segunda Enseñanza de Cárdenas. En él se gradúa de Bachiller en Ciencias y Letras en el año 1940.
1940 • Matricula en la Universidad de La Habana para estudiar Medicina.
1943 • Ingresa en el Ejército Constitucional, en la Escuela Militar del Castillo del Morro, en La Habana.
1944 • Contrae matrimonio con María del Carmen Querejeta Lateulade.
1946 • Muere su padre y nace su primer hijo, Jesús Gregorio. Ese mismo año se gradúa en la Academia Militar y es designado a la Batería de Artillería de Montaña.
1952 • Es asignado ayudante del Ministro de Justicia.
1953 • Es enviado a la antigua provincia de Oriente con el

grado de teniente. Lo destacan en Baracoa, La Maya, posteriormente se le designa supervisor militar de la prisión provincial (prisión de Boniato).

1953 • El día 20 de agosto es separado del ejército por alta conveniencia del servicio.

1954 • Es expulsado de la provincia de Oriente.

1955 • Emigra a Estados Unidos, ayudado por el cónsul de ese país.

1956 • Es designado por el Movimiento 26 de Julio para comprar y enviar armas a Cuba.

1957 • Se detectan sus actividades y agentes del FBI lo detienen. Al no existir las pruebas pertinentes lo dejan en libertad.

1959 • Regresa a Cuba, y Fidel Castro lo nombra su ayudante militar, con el grado de capitán. Ese mismo año viaja con Castro a Venezuela, Estados Unidos (haciendo un recorrido por Washington, Nueva York, Boston), Canadá, Trinidad Tobago, Buenos Aires, Brasil, y Montevideo.

1960 • Viaja a Estados Unidos y México. A su regreso es detenido por agentes de la Seguridad del Estado de Cuba. Lo mantienen incomunicado, por espacio de un mes, en un antiguo edificio del Servicio de Inteligencia Militar. Se le juzgó por distintos delitos, todos fabricados por el régimen. El tribunal le pidió una condena de 30 años de prisión.

Es condenado a cumplir 15 años de prisión.

Cumple 11 en las distintas prisiones castristas.

1971 • Hace gestiones para abandonar el país pero las autoridades le niegan el permiso.

1980 • Cuando Castro dice, "que todos aquellos que lo deseen pueden abandonar el país", hace nuevas gestiones, le reiteran la negativa, por "órdenes superiores…"

1987 • Se incorpora al Comité Cubano Pro-Derechos Humanos que dirige Ricardo Boffil.

1990 • Resulta agredido, en unión de Gustavo Arcos Bergnes, Rodolfo González y Óscar Peña Martínez, por elementos de la Seguridad del Estado, en unión de otros personajes, entre los que figuran el Cineasta Santiago Alvarez, Orlando Lugo Fontes, presidente de la Asociación Nacional de Agricultores Pequeños, y Roberto Rabaina, actual Ministro de Relaciones Exteriores. Además de golpearlos, los hacen recorrer una zona céntrica de La Habana (El Vedado) hasta las inmediaciones de la Sección de Intereses de los Estados Unidos.

Actualmente es el Vicepresidente del Comité Cubano Pro-Derechos Humanos en la Isla.

※ ※ ※